Cidade ampliada
Desenvolvimento urbano e tecnologias da informação e comunicação

Cidade ampliada
Desenvolvimento urbano e tecnologias da informação e comunicação

Rodrigo José Firmino

ECidade
São Paulo, 2011

© Rodrigo José Firmino
© ECidade

A publicação deste livro contou com apoio da

Dados Internacionais de Catalogação na Publicação (CIP)

F537 Firmino, Rodrigo José.
       Cidade ampliada: desenvolvimento urbano e tecnologias da informação e
       comunicação. / Rodrigo José Firmino. Apresentação de Azael Rangel Camargo.
       – São Paulo: Hedra, 2011. 172 p.

       ISBN 978-85-7715-184-4

       1. Planejamento Urbano. 2. Espaço Urbano. 3. Cidade. 4. Desenvolvimento
       Urbano Tecnológico. 5. Gestão Urbana. 6. Tecnologia da Informação e Comunicação.
       7. Tecnologias Telemáticas. 8. Políticas Públicas. 9. Experiências Inovadoras em Urbanização
       Virtual. 10. São Carlos. 11. Catanduva. 12. Antuérpia. 13. Newcastle upon Tyne. I. Título.
       II. Desenvolvimento urbano e tecnologias da informação e comunicação. III. Camargo, Azael
       Rangel. IV. Grupo e-urb. Departamento de Arquitetura e Urbanismo. Escola de Engenharia
       de São Carlos. Universidade de São Paulo
                                              CDU 711.4
                                              CDD 711.4

Elaborado por Wanda Lucia Schmidt CRB-8-1922

ECidade
Rua General Jardim, 65 (6º andar)
001224-011 São Paulo SP Brasil
Telefone/Fax (011) 3258-8108

Foi feito o depósito legal.

Sumário

Introdução 7

I Ampliando o espaço 11

A compreensão de fenômenos espaciais
influenciados pelas TICs 13

II Interpretando a gestão da cidade ampliada 29

A gestão e a cidade ampliada 31

Por uma visão holística da cidade, Catanduva (SP, Brasil) 37

Gestão desintegrada da informação, São Carlos 67

Similaridades e diferenças em casos internacionais 103

III A cidade ampliada e o planejamento urbano 119

A construção sociotécnica do desenvolvimento
urbano-tecnológico 121

Planejando a cidade do futuro 135

Posfácio, por Azael Rangel Camargo 141

Bibliografia 161

Para Alessandra e Letícia

Introdução

Nas últimas décadas, tem-se notado uma corrida frenética de autoridades, planejadores e agências de desenvolvimento na apropriação pública do desenvolvimento tecnológico integrado, isso ocorre em cidades e regiões do mundo todo. Essa corrida caracteriza-se pela implementação de projetos e iniciativas que privilegiam o uso de tecnologias da informação e comunicação (TICs), ou simplesmente tecnologias telemáticas[1].

A expressão TICs é comum no meio dos estudos urbanos e no ambiente da administração pública, especialmente no que diz respeito à sua modernização, transformação rumo a uma maior transparência dos processos que a compreende, e de estratégias de desenvolvimento urbano.

Cada vez mais, políticas envolvendo essas tecnologias têm feito parte do repertório de ações do poder público, especialmente iniciativas como inclusão digital, governo eletrônico, infraestrutura urbana, controle do território, segurança pública, negócios, prestação de serviços eletrônicos, entre outras. Entretanto, devido às diferentes velocidades de desenvolvimento das tecnologias e das estratégias de ação do poder público, urbanistas e gestores urbanos têm encontrado dificuldades em compreender os impactos das mudanças culturais causados pelas TICs e em intervir nas cidades, levando em consideração o

---

[1] Telemática: Designa sistemas de comunicação que utilizam simultaneamente a tecnologia de telecomunicações e a da informática, resultando uma significativa convergência de mídias e sistemas de informação e comunicação.

desenvolvimento tecnológico e o ambiente cada vez mais multicultural, heterogêneo, caótico, desequilibrado e dinâmico que estas cidades representam.

Assim, tanto no campo das reflexões teóricas como no das aplicações práticas, a difusão massiva das TICs – especialmente os avanços mais recentes no campo das tecnologias móveis e sem fio (*wireless*) – tem direcionado esforços multidisciplinares a fim de reconceitualizar as relações entre espaço, tempo e tecnologia.

Gestores urbanos e estudiosos do urbanismo estão diante de um grande desafio na medida em que novas noções de espaço e tempo questionam antigos paradigmas. Esse processo, por sua vez, afeta a maneira como as TICs são incorporadas nas agendas de governo, no planejamento e nas políticas públicas. Esse desafio aos paradigmas espaciais afeta toda cadeia de eventos relacionados à análise e gestão de aspectos espaciais, econômicos, políticos, sociais e culturais da vida urbana contemporânea, constituindo, talvez, a maior tarefa na consideração das relações entre as cidades e as TICs.

Diante do choque conceitual e cultural entre o modo de vida contemporâneo e tecnologias que vêm questionar interações que sempre reinaram absolutas em vários aspectos das atividades humanas – como distância, comunicações intersubjetivas e pessoais, transações econômicas e representações do espaço físico, entre outras – aborda-se, também, como urbanistas e autoridades locais têm visto ou debatido esses dilemas.

Algumas das respostas a essas novas interações têm vindo de campos diversos – da arte urbana, da sociologia política, da arquitetura, das infraestruturas urbanas, dentre outras –, relacionando conceitos como participação, inclusão, interação, construção coletiva, espaço, tempo e tecnologias digitais.

***

O propósito deste livro é reunir algumas demarcações dos desafios conceituais impostos pelas inter-relações entre TICs e cidades. Procura-se, também, demonstrar empiricamente o rumo tomado por algumas cidades médias do Estado de São Paulo e da Europa durante a primeira metade do século XXI, quanto às estratégias de desenvolvimento urbano aliadas ao desenvolvimento tecnológico, ou desenvolvimento urbano-tecnológico. Mais especificamente, objetiva-se estabelecer os fundamentos teóricos para a compreensão do que se tem chamado "cidade ampliada", revisar algumas propostas para a apreensão do espaço urbano no mundo contemporâneo e, por fim, demonstrar o que tem sido feito em termos de gestão urbana e políticas públicas ligadas às chamadas TICs. Essa análise empírica se aprofunda ainda com o estudo de caso de duas dessas cidades médias paulistas, Catanduva e São Carlos, e a comparação destas com os casos de Antuérpia, na Bélgica, e Newcastle upon Tyne, no Reino Unido (ver Firmino, 2004).

Este livro está dividido em três grandes partes, subdivididas em capítulos. Na parte I, "Ampliando o espaço", busca-se identificar os grandes desafios conceituais aos paradigmas espaciais, isto é, a identificação das dificuldades de apreensão da relação entre as TICs e a construção social do espaço urbano contemporâneo, bem como seus desafios para o planejamento urbano e governança.

Nesta parte, faz-se uma leitura em conjunto de algumas experimentações teóricas e práticas para a compreensão do espaço e da cidade contemporânea, aqui chamada de cidade ampliada, através da exposição e comparação de iniciativas alternativas que buscam a integração entre elementos concretos e virtuais do espaço, além de refletir sobre este relacionamento cada vez mais comum, entendendo as TICs como conjunto de tecnologias mais intrusivo e ubíquo que já existiu.

Na parte II, "Interpretando a gestão da cidade ampliada", são descritas e avaliadas as principais características dos casos de desenvolvimento urbano-tecnológico nas cidades de Catanduva e São Carlos: suas condicionantes históricas, peculiaridades técnicas e políticas, bem como principais atores e visões sobre o processo de construção social. Ainda nesta parte, são descritos de maneira resumida os casos europeus que também serão utilizados como parâmetros de comparação – as cidades de Antuérpia e Newcastle upon Tyne.

Na parte III, "Planejando a cidade do futuro", os quatro estudos de caso são postos lado a lado e analisados segundo as principais características de suas abordagens estratégicas para as questões relacionadas às TICs e ao desenvolvimento urbano. Os casos são avaliados conforme a constituição de uma construção sociotécnica do desenvolvimento urbano-tecnológico e as possíveis barreiras na implementação desta visão holística no planejamento urbano.

Finalmente, são apresentadas as conclusões, pautadas pelas principais diretrizes teórico-conceituais que o sustentam, e pelo possível relacionamento entre as TICs e políticas de desenvolvimento urbano, convergindo na gestão e planejamento para a cidade do futuro.

Parte I

Ampliando o espaço

A compreensão de fenômenos espaciais
influenciados pelas TICs

Antes de qualquer especulação sobre possíveis efeitos ou impactos de tecnologias da informação e comunicação (TICs) no espaço, é preciso entender a natureza desse mesmo espaço. Este, já se faz um campo muito produtivo, especialmente na geografia e na sociologia, onde as limitações de uma visão puramente física ou material do espaço foram superadas por uma compreensão mais completa que considera a reprodução espacial como parte de um complexo e imbricado jogo de relações sociais, culturais, políticas e econômicas. De acordo com Santos (1997), o espaço define-se por um indissociável mas também contraditório conjunto de sistemas de objetos e sistemas de ações. Ainda segundo Santos, a complexidade do espaço e a especificidade do lugar se dão pelas várias combinações possíveis desses elementos e sistemas de objetos e ações.

Espaço e paisagem

> A estrutura espacial é algo assim: uma combinação localizada de uma estrutura demográfica específica, de uma estrutura de produção específica, de uma estrutura de renda específica, de uma estrutura de consumo específica, de uma estrutura de classes específica e de um arranjo específico de técnicas produtivas e organizativas e que definem as relações entre os recursos presentes. (Santos, 1992: 7)

É dessa dinâmica e complexidade que deriva, por exemplo, a distinção fundamental entre espaço e paisagem, dois conceitos amplamente confundidos por arquitetos, urbanistas, sociólogos e geógrafos. Exagerando na simplicidade, a principal distinção é que a paisagem é estática e o espaço é dinâmico. Pode-se dizer até que a paisagem é a cristalização de um momento do espaço. A paisagem é a rigidez das formas da configuração territorial, são conjuntos de formas que exprimem as heranças das relações presentes entre homem e meio em um outro momento; já o espaço são estas formas mais a vida social que as anima. Podemos entender facilmente a diferença destes dois conceitos no seguinte exemplo:

> Durante a guerra fria, os laboratórios do Pentágono chegaram a cogitar a produção de um engenho, a bomba de nêutrons, capaz de aniquilar a vida humana em uma dada área, mas preservando todas as construções. O presidente Kennedy afinal renunciou a levar a cabo esse projeto. Senão, o que na véspera seria ainda espaço, após a temida explosão seria apenas paisagem. (Santos, 1997: 66)

As TICs, espaço e paisagem

As TICs foram adicionadas à conglomeração de sistemas de objetos e sistemas de ações formadores do espaço há cerca de duas ou três décadas, quando o seu desenvolvimento e apropriação começou a ganhar força na redefinição de valores e atividades humanas. Essas tecnologias têm, cada vez mais, se incorporado à somatória de ações e objetos que atualmente compõem nossas vidas.

Contraditoriamente, porém, as TICs e seus efeitos materiais são extremamente difíceis de serem precisados, parcialmente devido à sua invisibilidade, se comparadas às estruturas urbanas tradicionais. Diferentemente dos transportes e outros tipos de infraestrutura, as TICs são muitas vezes suportadas por redes subterrâneas ou invisíveis de fibra óptica, sinais de rádio, micro-ondas e satélites.

Essa particularidade aponta o que está associado às relações entre TICs e cidades tende a ser, ao mesmo tempo, conceitualmente complexo e vago. A negligência histórica do estudo dessas relações e efeitos sobre como o espaço é compreendido provoca interpretações de alta complexidade e vagas. Por sua vez, isso gera e dissemina interpretações e abordagens teóricas discrepantes sobre o objeto das TICs nas cidades.

Aspecto material das TICs e o governo da cidade

Adicionalmente e, em parte, consequentemente, observa-se um grande desafio atual às atividades de planejamento e governança (Bonnett, 1999) no sentido de suas atualizações, levando-se em consideração uma árdua transição, ainda em curso, da cidade industrial moderna – com suas regras e métodos rígidos de controle do espaço – para a cidade em redes pós-moderna – com seus elementos móveis, rápidos, efêmeros e invisíveis.

As dificuldades em precisar os efeitos e infraestruturas associados às TICs tornam suas relações com as cidades um fenômeno duvidoso e incerto, do ponto de vista teórico e empírico. Urbanistas, especialmente gestores urbanos, têm sérias dificuldades em especificar as características particulares dessa fase atual de desenvolvimento do espaço urbano, da cidade em rede. De forma pragmática, isso, às vezes, resulta em problemas experimentados por urbanistas e técnicos de planejamento nas tentativas de levantar fundos para financiar iniciativas mais "pró-ativas" envolvendo as TICs.

Aspectos positivos ou negativos de um parque, uma ponte, uma rodovia ou de conjuntos habitacionais são sempre muito visíveis e facilmente notados por urbanistas, autoridades e pela população. Pode ser fácil, inclusive, determinar os impactos ambientais, sociais e econômicos mais diretos de algumas dessas estruturas.

Ao contrário, estruturas associadas às TICs são percebidas principalmente se envolverem modificações físicas como abertura de valas em vias públicas para a colocação de fibra óptica, instalação de equipamentos urbanos ou edifícios especialmente desenhados para abrigar as TICs. Infraestruturas mais sofisticadas – satélites, radares, geradores de ondas de rádio, principalmente, os fluxos produzidos por essas estruturas micro-ondas, sinais eletromagnéticos e informação – são normalmente silenciosos e invisíveis para a maioria da população, acostumada com os aspectos visíveis e ruidosos da cidade industrial.

> Em contraste com a motorização que alterou completamente a cena urbana, IT misturou-se silenciosamente à estrutura urbana existente, causando poucas mudanças na aparência. (Shiode, 2000: 105)[2]

Assim, se já é difícil para pesquisadores e pensadores do espaço "tocar" ou "ver" as aplicações e infraestruturas das TICs, é ainda mais complicado para urbanistas e autoridades superar este paradigma da invisibilidade e intangibilidade das estruturas das TICs. Para aqueles que lidam diariamente com problemas urbanos tradicionais – como congestionamentos no trânsito, manutenção de conexões de transporte, problemas de saneamento, rede elétrica e violência urbana – talvez seja difícil compreender a complexidade e virtualidade de redes eletrônicas, carregando não mais que sinais invisíveis de um computador ao outro e, acima de tudo, fluxos de informação. Talvez seja ainda mais difícil para esses profissionais preverem as implicações econômicas, políticas, sociais, culturais e espaciais da introdução dessas tecnologias no funcionamento das cidades.

> Estudos e políticas urbanas tendem a ser dominados por uma preocupação com o visível, o tangível e os aspectos mais evidentes da vida urbana [...] Dada essa preocupação com o visual, é fácil perceber a invisibilidade virtual das telecomunicações nas cidades como uma razão fundamental para a curiosa negligência por aspectos ligados

---

[2] As traduções dos trechos de obras sem tradução para o português foram realizadas pelo Autor.

às telecomunicações nas cidades. (Graham and Marvin, 1996: 50)

Esses desafios conceituais e culturais contribuem para um nível muito baixo de compreensão atual de qualquer aspecto ligado às TICs e à sua influência no espaço urbano. As raras associações entre as TICs, aspectos do uso do solo, ou qualquer outro tipo de transformação recente na forma urbana, poderiam indicar que urbanistas e gestores urbanos estão pouco familiarizados com vários aspectos do desenvolvimento urbano-tecnológico. Consequentemente, estes se tornam menos capazes de perceber as infraestruturas, aplicações e implicações das tecnologias telemáticas na cidade para criar ações para incorporá-las.

Espaço urbano complexo e impalpável

Ao longo da história urbana, muitos têm sido os fatores responsáveis pela introdução de novos elementos que então se tornam parte inerente das cidades. Portanto, as cidades são, em essência, historicamente formadas pela sobreposição de várias camadas diferentes, representativas de diversas épocas. A cidade ampliada, se vista como um conjunto de aspectos potencializados pelas TICs, caracteriza-se como mais um desses elementos transformadores do espaço, marcando a assim chamada era da informação. Em resumo, a cidade ampliada é um dos pontos de referência da era da informação e da sociedade contemporânea.

Alterações provocadas pelas TICs criaram um novo referencial de distâncias, obrigando a reconceitualização do espaço e, consequentemente, da organização territorial. Este evento muda a maneira de ocupar o território. De acordo com Castells (1996: 376), "ambos espaço e tempo estão sendo transformados sob o efeito combinado dos paradigmas das tecnologias da informação e pelas formas e processos sociais induzidos pelo processo atual de mudança histórica".

Levando em consideração que os espaços, infraestrutura e interações eletrônicas são parte inerente da organização do território, entender esses aspectos representa compreender uma parte importante da constituição contemporânea de nossas cidades. Ademais, se considerarmos que as cidades imateriais sobrepõem-se e, na verdade, fazem parte das cidades tradicionais, seria relevante saber o que, por sua vez, as constitui.

As cidades e o mundo contemporâneo têm sido inundados por tecnologias novas e miniaturizadas, que têm mudado a vida das pessoas nas últimas duas ou três décadas. Acima de tudo, essas tecnologias têm se combinado com elementos velhos e tradicionais do espaço urbano e de nossa vida cotidiana para formar seres, cidades, objetos e espaços robóticos e cibernéticos.

Assim como os elementos tradicionais continuam dominando a cena urbana e a construção de lugares e espaços, a maioria ainda toma por certo ou não se dá conta das novas tecnologias telemáticas. Corrobora para isso a invisibilidade das estruturas físicas e técnicas das TICs, muito pequenas ou muito escondidas para serem percebidas como novos elementos do espaço.

O que é importante sobre esta conceituação de um espaço híbrido e simbiótico é a natureza integrativa e invasiva (infiltrada) com que as tecnologias telemáticas são consideradas partes do espaço como um todo.

Mais que dizer que o espaço é apenas um recipiente vazio e as tecnologias são instrumentos assépticos (indo ao encontro a um certo determinismo tecnológico), a visão integrada considera as tecnologias como parte dos processos de construção social do espaço. Compreendida segundo esta estrutura, a cidade é resultado de uma coexistência dialética de pessoas, objetos, territórios, instituições e fluxos oriundos de eras diferentes da história urbana.

Desse ponto de vista, as tecnologias telemáticas não seriam novos eventos em termos da essência de seus impactos, mas sim apenas por causa da natureza desses impactos, da extensão de seus efeitos e pela maneira com que as interpretamos. Segundo

Mitchell (1995: 163), "em cada estágio [da história], novas combinações de edifícios, sistemas de transporte, e redes de comunicação têm servido às necessidades dos habitantes".

Assim, o que faz com que as cidades sejam ainda mais simbióticas, é a profunda invasividade das TICs. Cuff (2003: 43) distingue as tecnologias passadas das atuais de acordo com três características básicas:

> [...] eles podem ser diferenciados de avanços passados pelo fato de que essa nova tecnologia pode estar ao mesmo tempo em todos os lugares e em lugar nenhum (diferentemente do automóvel que é móvel mas localizável); que ela age inteligentemente mesmo que passível de falhas, e suas falhas são complexas (diferente do termostato, que é reativo mas singular e não-inteligente); e que sistemas inteligentes operam espacialmente, mesmo sendo invisíveis (diferente dos robôs).

Castells (1996) descreve uma cadeia de transformações sociais e econômicas (implicando também em mudanças culturais profundas), potencializadas pelo advento das novas tecnologias e sua inserção em vários aspectos da nossa vida cotidiana. Ele articula diversos impactos para argumentar que, dentre diversos efeitos espaciais como a tendência simultânea à concentração e descentralização, a "era da informação está prenunciando uma nova forma urbana, a cidade informacional" (Castells, 1996: 429).

A cidade virtual (a cidade das TICs, ou a cidade imaginária juntamente com seu suporte físico) é parte fundamental da cidade informacional de Castells – juntamente com seu "espaço de fluxos" ou "a organização material de práticas sociais com tempo compartilhado que funciona através de fluxos" (Castells, 1996: 441). Mais ainda, espaços de fixos, espaços de fluxos, fixos, fluxos materiais e imateriais contribuem para a formação da cidade ampliada, feita de espaços ampliados (Manovich, 2002).

Portanto, a cidade virtual age e interage com o espaço de fluxos e as estruturas tradicionais da cidade tradicional para finalmente formar a cidade informacional contemporânea (a cidade híbrida), a cidade ampliada.

Como um espaço urbano imaginário coletivo possibilitado pelas TICs, a cidade ampliada é feita de transações, comunicações, informações, serviços, sentimentos, interpretações, exclusão, expectativas, cabos, satélites, e "bits e bytes", que interagem constantemente com a cidade física tradicional e seus cidadãos. Formada por tamanha multitude de variáveis (muitas das quais são fragmentadas, contraditórias e divergentes), a cidade não apresenta uma única e unificada forma, sendo mais um espaço ativo em constante mutação.

Nesse sentido, as noções de espaço como uma entidade dinâmica e social, nos ajuda a interpretar o fenômeno das cidades virtuais da mesma maneira. Assim, entender as cidades virtuais como espaços urbanos em essência, que carregam tanta complexidade, objetos e ações quanto suas contrapartidas tradicionais.

SIMBIOSE DO ESPAÇO E CIBERNÉTICA URBANA

"Vida Urbana, Jim – mas não como nós a conhecemos". Este é o subtítulo de *E-topia* (Mitchell, 2000), o segundo livro da trilogia informal de William Mitchell sobre a influência das interações virtuais na sociedade urbana contemporânea. A frase traduz o sentimento geral que se tem sobre a cidade contemporânea, isto é, mudanças profundas e sem precedentes afetando algo que é muito familiar. Mitchell fala sobre uma espécie de vida urbana diferente, mas que sobretudo continua reconhecidamente urbana.

Muitos estudiosos, incluindo o próprio Mitchell, defendem a ideia de que esta nova vida urbana é, na verdade, uma vida urbana aumentada, potencializada pelas interações virtuais e seus efeitos. O argumento principal é que a tecnologia apresenta novas possibilidades para usar, interagir, conceber, e compreender o espaço e as cidades contemporâneas.

O elemento das tecnologias telemáticas foi recentemente adicionado ao conjunto de outros elementos (de diferentes idades) que formam a cidade contemporânea. Isso não transforma a cidade ou a vida urbana em algo totalmente novo e desconhecido, mas redefine algumas relações com o espaço, a cidade e, consequentemente, com a própria vida urbana. Esta redefinição tende à ficar obscura devido às características simultâneas de invisibilidade, complexidade e incerteza inerentes aos aspectos das tecnologias telemáticas. Uma série de fatores definem as relações entre TICs e as cidades: ubiquidade, invasividade, invisibilidade, distanciamento, complexidade, intrusão e integração, para citar apenas alguns. Em outras palavras, segundo Page e Phillips (2003:9):

> A cidade é o resultado de vários agentes e forças que operam por meio de esferas de influência globais, regionais e locais, que utilizam ferramentas e técnicas que são permanentes, efêmeras, invisíveis e estratégicas. Elas estão ligadas umas às outras por meio de redes reais e virtuais de conexões físicas, telecomunicações, relações sociais, e posicionamentos políticos.

Entretanto, para entender esta cidade, é preciso "desmembrar" seus elementos e redes reais e virtuais para ver do que são feitos. Pode-se fazer isso, primeiramente, através da percepção do que pode ser o espaço cibernético.

Rumo ao espaço cibernético

É evidente que o que redefine a cidade, segundo as ideias de um mundo simbiótico, são as relações entre espaço, tempo e tecnologia. Este relacionamento tri-axial é fundamental para a compreensão das cidades virtuais e da influência das TICs sobre a formação e organização do espaço. Segundo Campanella (2001: 23), "a história da tecnologia é, em geral, a história da negação à distância – tempo expresso em termos espaciais".

A dificuldade de pesquisadores e planejadores em entender e lidar com a complexidade das cidades virtuais está diretamente relacionada às próprias dificuldades de entender os novos termos do relacionamento entre espaço, tempo e tecnologia. Algumas características-chave da cidade simbiótica podem ser de grande valor para projetos futuros.

Historicamente, e em termos de comunicação (para superar as limitações do efeito da distância), o desenvolvimento tecnológico como um todo evoluiu vagarosa e arduamente de tipos de comunicação assíncronos para síncronos.

As TICs uniram muito rapidamente estes dois tipos de comunicação em uma série de opções e instrumentos, fazendo emergir a convergência das mídias com o desenvolvimento das telecomunicações. Essas duas formas de comunicação se transformaram em um jogo, um entretenimento tão fácil de se usar, em que usar uma forma ou outra se tornou tão imperceptível como um piscar de olhos. Essas tecnologias são tão invasivas e ubíquas que, muitas vezes, não é possível distinguir se sua interação é assíncrona ou sincronicamente.

Com relação à natureza do espaço urbano contemporâneo, e levando em consideração os princípios que determinam as características deste espaço, Santos (1994) argumenta que o espaço, em particular o espaço urbano, tem se desenvolvido historicamente de um ambiente natural para um meio técnico, mais tarde para um meio técnico-científico, para finalmente se tornar um meio técnico-científico-informacional.

Isso expressa a onipresença da técnica, da ciência e das tecnologias da informação difundidas no espaço. Em todos os lugares, ações ou pensamentos, todos são de alguma maneira influenciados pelos desenvolvimentos tecnológicos de nossos dias. Em trabalho anterior (Firmino, 2000), é destacado o resultado desta simbiose espacial de "espaços inteligentes", classificando-os como espaços de produção inteligente e espaços de uso inteligente, dependendo de como as pessoas e instituições de uma certa área fazem uso econômico, político, social ou cultural dos recursos tecnológicos.

Ainda nesse sentido, o urbano é descrito, pelo estudioso Skeates (1997), como algo que vividamente consome ou engolfa as noções clássicas de cidade e campo – para o qual poderiam ser adicionados o ciberespaço e a cidade virtual. Isso faz com que se torne impossível a definição de limites e fronteiras para a cidade contemporânea. Skeates abandona a ideia de cidade e mantém que vivemos em algo muito mais complexo, ou um "monstro devorador". Citando o conceito de Dejan Sudjic de "sopa urbana" para descrever seu monstro devorador, Skeates enfatiza a natureza "consumidora de espaço" da urbanização infinita.

É importante notar que, apesar de abandonar a noção de cidade com que estamos acostumados, Skeates (1997) não sugere o fim ou a morte da vida urbana. Pelo contrário, ele a reforça, quando cria uma visão estendida do urbano.

Ele também defende a ideia de uma "natureza artificializada", já que tudo e todos os lugares estão potencialmente ao alcance dos humanos através das novas tecnologias. Esse conceito se assemelha muito ao que Santos (1994) diz a respeito do espaço como um todo. Milton Santos classifica o espaço contemporâneo como um meio técnico-científico-informacional, onde a técnica, ciência e informação estão totalmente incorporadas ao espaço, espalhadas pelo território e artificializando a natureza.

> A chamada cidade pós-moderna representa um grande salto com relação à qualquer referência que possa relacionar esse sentido fora de si mesma. Todo espaço sucumbe à lógica do construído, do artificial e do mitificado, que tenta negar a possibilidade de qualquer condição "real" de uma existência urbana abaixo das camadas da hiper-realidade. (Skeates, 1997: 12)

De acordo com estas ideias, como consequência do intenso avanço das novas tecnologias, tudo se torna potencialmente parte de um espaço complexo de interações sociais, sem limites ou fronteiras, e dentro do contexto das relações capitalistas de produção, distribuição e consumo.

Painter (2001) também chama atenção para o processo agressivo de urbanização física e virtual, que ele chama de "cidade sem limites", uma rede intrincada de redes e relações que fazem do urbano um conceito complexo, livre das noções tradicionais de território. A "cidade aterritorial", segundo ele, está ajudando a quebrar relações espaciais hierárquicas como a "tirania da escala", ou:

> A suposição de que a vida política e social é organizada sob uma hierarquia fechada de escalas espaciais ("local", "nacional", "global") cada qual envolvendo um conjunto de fenômenos sociais e estruturas governamentais relativamente auto-contidas, embora com importante relações entre eles. (Painter, 2001: 35)

Portanto, parece estar claro que novos paradigmas do espaço urbano e da organização territorial geográfica estão surgindo nas mesmas proporções dos novos conceitos de espaço e tempo (os primeiros sendo, na verdade, consequência da reformulação dos segundos). As simultâneas tendências espaciais (paradoxais) de concentração e descentralização revelam a direção dos novos padrões de ocupação urbana, onde todos os aspectos envolvidos com esses processos estão substituindo velhas noções de espaço linear, racional e delimitado.

Usando de uma liberdade relativa com relação às limitações materiais, artistas normalmente estão mais habilitados que arquitetos e urbanistas para as experiências com a simbiose entre o físico e o virtual. Dentre os trabalhos de diversos artistas e arquitetos performáticos contemporâneos, três experiências se destacam na discussão proposta por Novak sobre transarquitetura.

Lars Spuybroek do estúdio NOX da Holanda realizou diversas boas intervenções com esse propósito. Ele criou para a cidade de Doetinchem na Holanda, o que chamou de *D-Tower* (Figura 1), uma torre com formas orgânicas exposta entre os anos de 1998 e 2003 (Cuff, 2003). Durante esses cinco anos um website coletou mensalmente informações sobre a emoção dos participantes, para transformá-las em uma projeção instável de luzes e cores em praça pública. Assim, transeuntes poderiam notar o que o artista/arquiteto interpretava ser o humor da cidade, de acordo com a gama de cores projetada.

Fig. 1. *D-Tower*, medindo o "humor" da cidade. Fonte: Courtesia de Lars Spuybroek (Studio NOX)

Entre seus inúmeros trabalhos, o artista mexicano Rafael Lozanno-Hemmer produz intervenções chamadas *Vectorial Elevation*, com alto grau de interação e participação popular no resultado final. *Vectorial Elevation* é proposta a partir de um sistema de holofotes montado em pontos de referência urbanos. O desenho descrito pelos holofotes a cada seis segundos é controlado por configurações feitas por qualquer pessoa através do website do projeto na internet, onde é possível controlar alturas e angulação dos feixes de luz. O resultado é uma variação do efeito (Figura 2), com os feixes de luz alterando suas composições constantemente.

Finalmente, o austríaco Andreas Traint desenvolveu o *Tholos System*, também trabalhando a ideia de interatividade e comu-

Fig. 2. *Vectorial Elevation*, repensando o espaço público. Fonte: Cortesia de Rafael Lozano-Hemmer

nicação remota. Trata-se de um sofisticado quiosque composto por telas, projetores e camêras de última geração, instalados simultaneamente em duas ou mais cidades. O sistema permite que as pessoas, localizadas em diferentes cidades, possam ver e interagir entre si em tempo real. Não seria exagero, portanto, comparar essa intervenção a uma versão possível de teletransporte (Figura 3).

Segundo Horan (2000), os projetos de Lars Spuybroek, Lozanno-Hemmer e Andreas Traint seriam exemplos do que ele chama de "design transformativo" (*transformative design*), em que há uma influência extensa das TICs na concepção, aparência, construção e uso dos espaços. Tais projetos também se enquadram na descrição de um espaço cyborg ou o próprio cyburg de Danna Cuff, isto é, espaços interativos conjuntamente às práticas sociais humanas e urbanas.

Horan chama de "design adaptativo" (*adaptive design*) um tipo transitório entre os espaços tradicionais e os novos espaços cibernéticos, onde os elementos tradicionais da construção e arquitetura são adaptados para acomodar ou integrar equipamentos e atividades relacionadas às tecnologias telemáticas.

Horan ainda menciona um terceiro tipo de design recombinante em que a telemática não produz grandes impactos em ter-

Fig. 3. *Tholos System*, o teletransporte possível. Fonte: Kahney, 2003

mos da aparência, construção e uso dos lugares. Estes são então chamados desconectados (*unplugged*).

Essa classificação de design ou espaços recombinantes, proposta por Horan[3], direciona as discussões para uma diferenciação entre espaços tradicionais adaptados e espaços conceitualmente novos, nos quais a cibernética já estaria afetando os processos de concepção, construção e uso dos lugares. Em outras palavras, a classificação de Horan serve para verificar o nível de simbiose entre elementos tradicionais do espaço (tijolos e argamassa) e os elementos telemáticos (redes, bits e bytes).

É evidente também que essa diferenciação tende a se tornar menos relevante, pela tendência da telemática a invadir cada vez mais aspectos da vida urbana.

---

[3] Para uma discussão sobre a classificação proposta por Horan e outros tipos de espaços recombinantes, ver Firmino (2003).

Isso também se verifica no aumento progressivo de tecnologias móveis e sem fio sendo desenvolvidas. Mobilidade parece diminuir, da mesma forma, a importância da própria existência dos espaços recombinantes. Entretanto, não podemos ignorar que mesmo tecnologias móveis e sem fio dependem de certos níveis de fisicalidade para existir. Assim, o suporte físico destas tecnologias poderia também ser relacionado aos espaços recombinantes.

Parte II

Interpretando a gestão da cidade ampliada

A gestão e a cidade ampliada

A cidade contemporânea é formada por elementos de diversas idades históricas, e também por elementos novos, que necessitam ser considerados na organização do espaço urbano. Urbanistas e tomadores de decisão continuam suas buscas para compreender e intervir nessa nova dinâmica. Estudiosos e arquitetos como Koolhaas e Mau (1995) corroboram essa visão ao sustentarem que novos métodos, instrumentos, organizações e, de fato, um novo urbanismo necessita emergir para lidar com a complexidade, a flexibilidade e os novos conceitos inerentes ao espaço urbano contemporâneo.

Na esfera da administração pública há, inegavelmente, uma diversidade de opiniões e visões para o que as TICs e suas relações com o espaço construído possam significar. Naturalmente, o que a interpretação do desenvolvimento e a incorporação das TICs possam representar para as cidades não é e nunca foi unitária, tanto para as atividades de governança quanto para o planejamento urbano.

Apesar dessa variedade interpretativa – o que na teoria da construção social das tecnologias é conhecido como flexibilidade interpretativa (Bijker, 1987) –, estudos recentes sobre as relações entre as TICs e o planejamento urbano (Aurigi, 2005 e Firmino, 2004) demonstram que algumas visões tendem a prevalecer. Modelos econômicos que enfatizam o lado empresarial e comercial de iniciativas públicas tendem a ser uma motivação muito comum na formulação de políticas públicas de uma maneira geral, não só no Brasil como no mundo todo. Por essa ênfase nos fatores econômicos, a infraestrutura pesada e outros tipos de elementos visíveis da cidade ganham mais relevância que aqueles elementos não vistos ou ocultos. Assim, a invisibilidade é parte importante no processo de compreensão e interpretação das TICs por urbanistas e tomadores de decisão.

Esse fato talvez explique, ao menos parcialmente, a importância dada nas pesquisas a elementos de mais visibilidade e a iniciativas que visem a otimização de atividades administrativas, em geral, representadas pelo governo eletrônico. Não é surpreendente então, o papel central ocupado por projetos de governo eletrônico e portais na internet. Da mesma forma em que não é estranho, tendo em consideração os aspectos mencionados acima, que a participação do setor de planejamento seja tão reduzida e que haja pouco ou nenhum interesse em discutir a influência das TICs nas cidades diante de uma perspectiva estratégica.

Alguns estudos (Graham and Dominy, 1991; Spectre 2002a, 2002b; Aurigi, 2003; Firmino, 2004) demonstram que iniciativas ligadas ao que se pode chamar de planejamento proativo – que procura antecipar ações no sentido de suprimir possíveis problemas –, quando relacionado à influência das TICs no desenvolvimento urbano, tendem a seguir abordagens utópicas, tecnologicamente deterministas e mal adaptadas a realidades locais. Isso, por sua vez, tende a criar menos confiança e mais preconceito dos diversos setores da administração municipal com relação ao envolvimento do planejamento em questões de integração urbano-tecnológicas.

As diferentes visões a respeito das TICs e sua influência em questões urbanas, aliadas aos diversos graus de autonomia dos setores distintos na gestão municipal, normalmente, contribuem para um enfraquecimento do setor de planejamento urbano que acaba por formar apenas uma pequena parte de uma estrutura administrativa que talvez já seja por demais fragmentada.

Possíveis consequências dessa fragmentação podem levar, por um lado, a deficiências de compreender a cidade contemporânea sob a luz das recentes transformações em termos de comunicação, interação e uso do espaço, suportadas pelas TICs. Por outro lado, essa fragmentação pode também privilegiar visões parciais, por parte dos urbanistas, que negligenciem um entendimento holístico das complexas relações econômicas, políticas, sociais e culturais presentes na reprodução do espaço urbano.

Vários governos locais, em diferentes escalas, tendem a adotar o discurso da construção de um novo relacionamento entre cidadãos e autoridades, entre os próprios governantes e entre os próprios residentes por meio de modos de comunicação mais desenvolvidos e sistemas de prestação de serviços. Essa parece ser uma atitude correta, mas a velocidade das mudanças tecnológicas e comportamentais e a passividade dos governos quando comparada à agressividade do setor privado resulta em iniciativas públicas extremamente defasadas, parte disso é resultado de poderes limitados da administração pública, especialmente na esfera local, para lidar com questões regulatórias, assim como aspectos comerciais, industriais e de negócios das cidades.

Pela desvantagem do setor público em relação ao privado para tratar aspectos ligados às TICs, poderia-se dizer, de maneira exagerada, que o governo local tem sido privatizado, o que para Monbiot (2001) se trata de um processo de controle corporativo dos expedientes governamentais assim como suas implementações. A regulação das TICs (primordialmente seguindo o sistema regulatório das telecomunicações) tende, hoje, a seguir mais as forças do mercado do que perseguir interesses comuns e coletivos.

Segundo Castells (1989), a manifestação do desenvolvimento tecnológico global como intensificação das forças capitalistas deixa uma pequena margem para governos e democracias locais negociarem. Confrontados com um novo cenário competitivo, sem compreensão completa do impacto das TICs na cidade, a questão que se impõe é: como urbanistas e governos locais poderiam ter qualquer tipo de controle público sobre isso, ou ao menos ter um domínio sobre o uso dessas tecnologias, seus objetivos, para quem e por quem são utilizadas.

Certamente é marcante a série de resultados para as categorias analíticas aqui sintetizadas, por corroborar essa linha de análise da fragilidade do poder público como coordenador de políticas de integração entre o desenvolvimento tecnológico e urbano. Esta ligação entre os resultados posteriormente apresentados e os problemas da fragilidade se sustenta, de certa forma, pela posição de negligência e desconhecimento por parte do poder público, do valor estratégico das TICs para o futuro das cidades em termos de acesso, alcance de ações, democracia e participação popular em processos de tomadas de decisão.

Essa situação de defasagem pode apenas ser superada com ações de divulgação e reflexão sobre o significado das TICs para o desenvolvimento urbano, bem como de auto-avaliação da posição estratégica que a própria questão do desenvolvimento urbano ocupa na gestão municipal. Só assim é possível construir a integração entre políticas públicas ligadas às TICs e ao desenvolvimento urbano.

***

Para compreender melhor essas realidades, foram realizados dois estudos de caso, nas cidades de Catanduva e São Carlos (ambas no estado de São Paulo), em que se procurou desvendar os processos políticos e sociais nos quais são realizados os projetos que fazem uso das TICs e ver como essas tecnologias são consideradas para o desenvolvimento das cidades. Esses estudos de caso levam em conta todos os principais atores sociais ligados às políticas públicas que, de alguma maneira, se relacionam às TICs, e as articulações e interesses no desenvolvimento das questões abordadas aqui.

Ainda em uma outra etapa de observações e análises empíricas, são utilizados dados de outros dois estudos de caso sobre as cidades europeias de Newcastle upon Tyne, no Reino Unido e Antuérpia, na Bélgica para que se possa estender o horizonte das análises comparativas desses quatro casos de uso das TICs no planejamento e gestão urbana.[4]

---

[4] Os fatos e situações narradas nos estudos de caso ocorreram entre os anos de 2002 a 2005

Todo esse esforço se realizou pela conquista do conhecimento do impacto das TICs nas cidades através do estudo de casos diferenciados, onde certos eventos indicassem a constituição de políticas integradas de desenvolvimento urbano-tecnológico sem, no entanto, a ilusão e o determinismo da crença na generalização absoluta das constatações realizadas.

(para os casos europeus), e 2004 a 2009 (para os casos brasileiros). É importante ressaltar que, apesar das mudanças nas administrações locais, nos projetos e estruturas administrativas, as histórias servem de base para a compreensão da construção sociotécnica do desenvolvimento urbano-tecnológico, segundo diferentes configurações políticas, institucionais, sociais, culturais, econômicas e espaciais.

Por uma visão holística da cidade,
Catanduva (SP, Brasil)

Na busca por relações programáticas consistentes entre o desenvolvimento tecnológico e o urbano, a cidade de Catanduva no interior do estado de São Paulo, com seus cerca 110 mil habitantes, chama a atenção por ter em seu quadro administrativo uma secretaria com o nome de Secretaria Municipal de Planejamento e Informática. De todos os casos estudados, no Brasil e Europa, e todos os outros conhecidos da literatura internacional, não se havia encontrado relação, aparentemente, tão próxima entre as questões de planejamento (urbano) e as TICs, refletida na constituição formal de qualquer governo local.

Obviamente, isso não elimina a possibilidade que haja, em algum lugar do Brasil e do mundo, caso semelhante ou até mais próximo de realização, ao menos formal, do relacionamento de questões ligadas aos desenvolvimentos urbano e tecnológico. Mas a cidade de Catanduva já se destacava pela utilização de tal nomenclatura em uma de suas secretarias administrativas do poder executivo, no levantamento realizado com as cidades médias do estado de São Paulo (Firmino, 2006).

Iniciava-se aí uma das fontes de inquérito que motivaram o estudo do caso de Catanduva como construção sociotécnica de políticas públicas ligadas ao desenvolvimento urbano-tecnológico dos últimos três anos. Os motivos que levaram as autoridades a criar, em projeto de lei, essa relação formal entre o planejamento e a informática, alimentaram as primeiras preocupações deste estudo de caso, incentivando as demais investigações que auxiliaram a compreender as políticas locais de apreensão e uso das TICs.

Além dos levantamentos documentais, 14 entrevistas foram realizadas, incluindo oficiais, diretores e servidores públicos envolvidos de formas direta e indireta com políticas voltadas para o desenvolvimento urbano-tecnológico, dentre os quais pode-se destacar: o atual prefeito, secretários e ex-secretários de planejamento e informática, de obras, saneamento, diretor de informática, diretores de unidades internas e funcionários que participaram da formulação do projeto cidade digital e da criação e implementação do projeto de lei que instituiu a estrutura administrativa do executivo na cidade.

Essas fontes documentais e de informação estabeleceram o núcleo de interesses deste estudo de caso, sempre pautado pela compreensão do fenômeno local de construção social das ações e políticas públicas dirigidas à integração de questões tecnológicas e das TICs na agenda do desenvolvimento urbano da cidade. Este núcleo de interesses construiu-se sobre quatro aspectos fundamentais:

1. O universo de projetos de autoria do poder público, ligados de forma funcional ou analítica ao emprego das TICs;

2. As questões relacionadas às ações de modernização da gestão pública e governo eletrônico;

3. O relacionamento entre as atividades de planejamento urbano e informática e a simbologia de uma Secretaria de Planejamento e Informática neste contexto de integração urbano-tecnológica;

4. E as circunstâncias de criação e execução do projeto Cidade Digital.

É necessário esclarecer que ligados a esses quatro apectos, uma miríade de outros fatores foram estudados, levantados, analisados e relacionados de maneira a reconstituir o mínimo de complexidade da rede de inter-relações sociais, econômicas, políticas e espaciais, envolvidas na construção social do desenvolvimento urbano-tecnológico em Catanduva.

Secretaria de Planejamento e Informática:
por uma visão urbanística

Catanduva apresenta relativa importância no cenário das cidades médias paulistas (Firmino, 2006), por suas ações abrangentes no uso e apropriação de TICs para políticas públicas urbanas, também por contar com uma Secretaria de Planejamento e Informática. Assim, duas questões ganham destaque neste caso: por um lado, a estrutura dessa secretaria, bem como seu funcionamento como responsável pelo desenvolvimento urbano ao mesmo tempo em que cuida da modernização do município, e, por outro lado, a origem do projeto de lei responsável por tal designação associada entre planejamento e informática.

É importante ressaltar que, por experiência em outros casos, havia de antemão uma hipótese explicativa que se pautava na tendência de associação entre informatização e o planejamento administrativo e de gestão em contraponto à associação da informática ao planejamento urbano. Essa hipótese apoia-se na configuração histórica do planejamento no Brasil desde a década de 70, em que, paulatinamente, as atividades de planejamento urbano e regional perdem seu principal vínculo com questões de relacionamento entre território e desenvolvimento socioeconômico, para ganhar características de planejamento administrativo, muitas vezes ligado a expressões como planejamento estratégico e gestão. Não raro, cidades brasileiras apresentam duas ou mais secretarias em que a nomenclatura confunde a natureza de suas atividades, segundo a explicação acima. São casos, por exemplo, onde em uma mesma cidade pode-se encontrar secretarias de planejamento e gestão, desenvolvimento urbano, e obras e serviços públicos.

É comum nos textos das leis que definem estruturas administrativas municipais caráter vago e amplo, no que se refere ao seu perfil específico, passando a impressão de uma tripla (e não dupla) atribuição: planejamento administrativo e ao mesmo tempo urbanístico e de informática, para a Secretaria Municipal de Planejamento e Informática, conforme pode ser verificado no texto da Lei 3.234/1996, que cria o organograma do poder executivo:

> É o órgão auxiliar para execução das atividades de planejamento, coordenação e controle dos recursos de informática e de apoio ao Chefe do Executivo nas decisões estratégicas e táticas. (Prefeitura do Município de Catanduva, 1996)

Entretanto, verificou-se na configuração das ações e funcionalidades dessa secretaria, um forte movimento de retomada do planejamento em sua forma tradicional ligada ao desenvolvimento urbano. Na gestão iniciada em 2005, a Secretária de Planejamento e Informática era Natália Manfrin Molinari Belíssimo, arquiteta de formação. Isso fez com que a pasta de planejamento e informática ganhasse novos, ou renovados, contornos de planejamento urbano, preocupado com a ordenação do território e questões de desenvolvimento urbano em Catanduva.

> Vem de minha formação uma noção de planejamento mais simplista, não é aquele planejamento que cuida de tudo, que era coisa característica principalmente da década de 1970, e o reflexo disso são os Planos Diretores, os PDDIs ou Planos Diretores de Desenvolvimento Integrado, que na verdade, tinha uma visão muito ampla da cidade [...] Eu venho da escola pós-88, da Constituição Federal, acho que foi um marco no Brasil a aprovação da introdução de um capítulo específico sobre política urbana e esta discussão e crise do planejamento da década de 1970 [...] A minha intervenção foi no sentido de criar uma secretaria de planejamento urbano que cuide do desenvolvimento e expansão da cidade. (Belíssimo, 2006)

Com exceção das atividades do dia a dia de aprovação de projetos e planejamento de obras públicas, dois projetos correlatos estão entre as maiores realizações desta secretaria na gestão que se iniciou em 2005: a realização de estratégias de planejamento participativo e, nessa perspectiva, a construção e aprovação de um plano diretor.

Como parte de sua reestruturação como órgão responsável pelo planejamento urbano, a elaboração do plano diretor de Catanduva passou a ser uma das maiores bandeiras daquela administração. Com a finalidade de se adequar às determinações do Ministério das Cidades no que diz respeito à obrigatoriedade de planos diretores, a secretaria promoveu uma série de seminários informativos e de diagnóstico dos problemas e anseios da população e setores da sociedade civil. Estes seminários visavam preparar a cidade para discutir a necessidade, estrutura e concepção do plano diretor de Catanduva. Foram realizados dois seminários e dois congressos intitulados respectivamente: "Catanduva: a cidade que temos"; "Planejando Catanduva"; "Aprovação Coletiva da Proposta Final do PD"; e "Catanduva: a cidade que queremos".

Nessas quatro reuniões, após apresentação da situação do município com relação a várias questões urbanas como infra-estrutura, moradia, lazer, acesso, transporte e segurança foram estabelecidos critérios de participação da população e setores da sociedade civil organizada, respeitando a divisão da cidade em oito territórios. Nesse aspecto, a estratégia adotada assemelhava-se à de formação dos grupos de discussão do orçamento participativo. A divisão do território servia como facilitador na escolha dos grupos de representantes para participação nos debates do plano diretor, bem como para a elaboração de suas diretrizes.

Seis eixos ou diretrizes foram estabelecidos pela comissão:

1. Qualificação dos bairros distantes e integrá-los à cidade;

2. Planejamento e controle de novos loteamentos e conjuntos habitacionais de acordo com a capacidade de gestão da cidade;

3. Garantia de acessibilidade segura para todos;

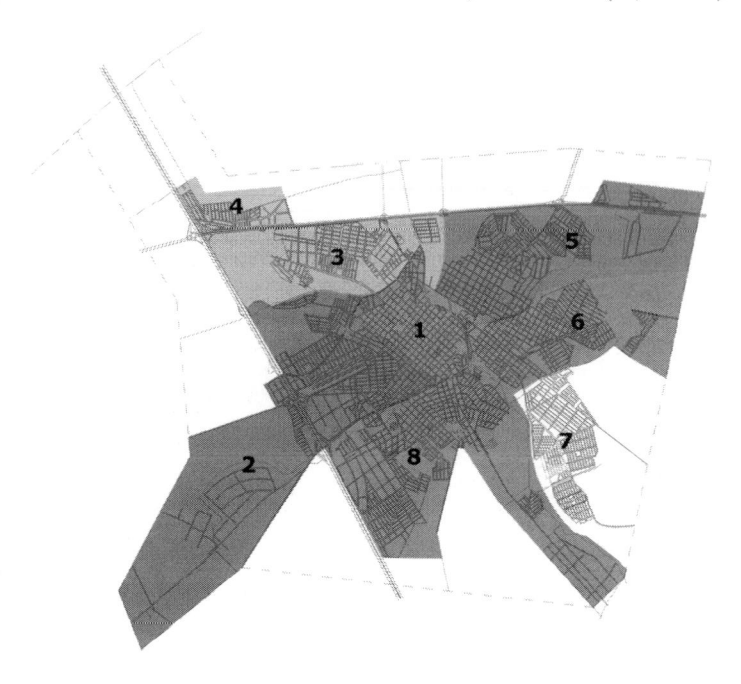

Fig. 4. As oito regiões do plano diretor.

4. Criação e manutenção de áreas verdes e de lazer;
5. Reestruturação das leis e da gestão do desenvolvimento urbano;
6. Gestão dos vazios e terrenos urbanos.

Após várias rodadas de discussão, com a participação e consultoria do Instituto Pólis desde suas primeiras etapas, o Plano Diretor Urbano de Catanduva foi aprovado pela Câmara Municipal em outubro de 2006. Todo o esforço na constituição do plano diretor, realizado por seus idealizadores e perpetuadores, evidencia que as atribuições e ações da Secretaria de Planejamento e Informática estavam voltadas, na gestão que se iniciou em 2005, para o planejamento e desenvolvimento urbano, no que diz respeito às relações entre o território urbano e ao desenvolvimento socioeconômico e ambiental de Catanduva.

Na verdade, segundo depoimento da própria secretária e de vários funcionários, tanto dessa quanto de outras secretarias, a cidade carecia de qualquer tratamento urbanístico no passado e sofria sérias consequências do ponto de vista da ordenação de seu crescimento, falta de infraestrutura, cobrança de impostos territoriais injustos e desatualizados etc. Segundo os entrevistados, grande parte dos problemas urbanos resultava dessa histórica negligência de visões holísticas da cidade, seu planejamento e de questões urbanas. Além disso, convivia-se com políticas de "apadrinhamento", onde conflitos de interesse eram sempre colocados à prova.

> O próprio secretário de obras que aprovava os loteamentos era quem fazia os loteamentos [...] então Catanduva se tornou uma verdadeira colcha de retalhos. (Belíssimo, 2006)

Portanto, o perfil definido para a Secretaria de Planejamento e Informática, a partir da gestão de 2005, baseava-se na vontade política de estabelecimento de um pensamento urbanístico na cidade, desde a discussão, com a população, a fim de estabelecer estratégias participativas para diagnóstico dos principais problemas urbanos, como de planejamento e elaboração do plano diretor, até a reestruturação administrativa da secretaria e modificação dos métodos de trabalho empregados por seus funcionários. Segundo a própria Secretária de Planejamento e Informática, "nossa luta hoje é para institucionalizar a secretaria e o planejamento". (Belíssimo, 2006)

Definida a diferenciação do perfil da secretaria como órgão responsável pelo planejamento urbano, em contraposição às ideias de planejamento administrativo e de gestão, restava ainda a dúvida sobre as relações dessa secretaria com o setor de desenvolvimento tecnológico, no caso chamado de informática.

Departamento de Informática
Autonomia nas questões tecnológicas

O Departamento de Informática (DI) é uma das subdivisões institucionais da Secretaria de Planejamento e Informática e chega a ocupar quase um andar inteiro no edifício do Paço Municipal de Catanduva. Conta, ao todo, incluindo estagiários, com dezenove funcionários para cuidar de todas as questões tecnológicas, envolvendo a administração municipal. Portanto, apesar de estar atrelado à estrutura organizacional da secretaria de planejamento, esse departamento exerce uma função coordenadora no que diz respeito a suporte de *hardware* e *software* para todos os outros departamentos e secretarias. Assim, todas, ou quase todas as iniciativas envolvendo uso de TICs têm a participação desse departamento, senão como coordenador principal, ao menos como participante, mesmo que para um simples assessoramento técnico.

Dentre várias de suas atribuições segundo a Lei 3.234/1996, pode-se destacar, por exemplo, as funções de:

> elaborar políticas e procedimentos gerais de utilização de sistemas e programas de processamento de dados, para toda a Prefeitura do Município de Catanduva [e] assessorar as demais Secretarias nos assuntos que envolvem sua área de competência, para garantir a homogeneização nas rotinas e procedimentos. (Prefeitura do Município de Catanduva, 1996)

Apesar de pertencer ao segundo escalão de competências na administração, a diretoria de informática tem papel central e coordenador no que diz respeito aos assuntos de capacitação tecnológica do poder público e da cidade. Dessa forma, mesmo respondendo à secretária Natália Belíssimo, o diretor de informática à época, Ivan Ramalho, mantinha relações de trabalho diretas com outras secretarias, por vezes atuando de maneira até mais próxima, como no caso do Gabinete do Prefeito ou da Secretaria de Finanças, por suas demandas próprias de modernização nos sistemas de arrecadação e fiscalização. Nas palavras do próprio diretor:

> Nós atendemos a todos os setores da Prefeitura desde a administração, a Secretaria de Administração, passa por Finanças, Saúde e Educação, Assistência Social, Obras, que é a Secretaria de Obras, Meio Ambiente e também atendemos órgãos externos [...] Nós temos que estar próximos a todos, porque tudo o que influencia na administração acaba passando por nós, é óbvio que nós temos uma proximidade muito grande com o gabinete, muito grande com o gabinete. (Ramalho, 2006)

Ao contrário de muitos municípios no Estado de São Paulo, ou mesmo no Brasil, ao delegar este papel coordenador ao DI, as autoridades em Catanduva adotaram um papel centralizador quanto às iniciativas relacionadas com o uso de TICs na cidade e para a cidade. Esse tipo de configuração, na proporção encontrada em Catanduva, pelo tamanho de seu departamento de informática, pode ser considerado exceção em termos de gestão de TICs como parte da estrutura de governos locais no Brasil. Em geral, mesmo que responsáveis pelo conjunto de ações envolvendo TICs em outras prefeituras, os departamentos de TI (Tecnologias da Informação), como são conhecidos, sofrem com a falta de efetivos ou espaço físico para suas próprias instalações.

Um exemplo simples, porém sintomático, dessa diferença é a utilização, em vários governos municipais, dos chamados *datacenters* para armazenamento remoto de bancos de dados, em muitos casos por falta de espaço físico ou autonomia de trabalho de seus departamentos de TI. Esse serviço remoto é oferecido por grandes empresas do setor privado, fato que, apesar de todas as garantias contratuais, costuma ser fonte de preocupação das autoridades locais pela sensibilidade em assuntos de segurança das informações e confidencialidade de dados, por exemplo.

No caso de Catanduva, todas as informações são armazenadas em servidores próprios. Pelo perfil coordenador do DI da cidade, bem como por opção estratégica, foi decidido que o gerenciamento próprio dos dados daria mais autonomia e garantias de segurança à Prefeitura.

Fig. 5. Sala de servidores do Departamento de Informática de Catanduva.

Ainda com relação aos serviços prestados pelo departamento de informática, segundo declarações do próprio diretor, Catanduva parece ter caminhado na contramão de outras cidades, que, em vez de centralizar certas iniciativas, passam a terceirizá-las:

> Uma das coisas que nós fizemos foi enxugar alguns serviços, serviço de manutenção que era terceirizado e nós passamos para a Prefeitura, o serviço de suporte da Secretaria de Educação que era terceirizado passou para a Prefeitura. (Ramalho, 2006)

Esse tipo de autonomia e papel coordenador no campo das TICs transfere ao departamento a possibilidade de liderar projetos de uma abrangência maior no que diz respeito aos seus impactos tanto na administração como na cidade. Outro projeto inovador que merece destaque, coordenado e implementado por esse departamento, e com impacto abrangente na administração e na cidade, é a cobertura de aproximadamente 100% do perímetro urbano por uma rede municipal sem fio. Apesar de restrita ao uso da população, a rede atende todos os órgãos públicos municipais e permite maior mobilidade aos servidores públicos na execução de atividades com uso de computadores pessoais, computadores de mão etc.

Fig. 6. Cobertura de rede sem fio em Catanduva.

O funcionamento como provedor de internet gratuito à população chegou inclusive a ser discutido e teve apoio do prefeito. Essa prestação de serviço não foi levada adiante para garantir o uso da banda de rede exclusivamente ao funcionamento dos serviços públicos essenciais, evitando riscos de colapso por excesso de circulação de dados, caso sua utilização fosse liberada como provedor de internet. Influenciaram também nessa decisão preocupações de natureza econômica e de mercado, para preservação das empresas do setor privado. A rede municipal viria a ter problemas de banda mais tarde, com a inclusão das câmeras de vigilância urbana ao sistema. Mas o aspecto importante nesse momento é o da autonomia do DI em propor e coordenar projetos dessa magnitude.

PLANEJAMENTO + INFORMÁTICA =
DESENVOLVIMENTO URBANO-TECNOLÓGICO?

Apesar do perfil urbanístico retomado na Secretaria de Planejamento e Informática e a agilidade e autonomia do DI ao lidar com as questões de TICs, o relacionamento dessas duas divisões da Prefeitura Municipal de Catanduva não ultrapassa a posição institucional e mera subordinação administrativa de um departamento a uma secretaria de governo. O DI faz parte da Secretaria de Planejamento como poderia fazer parte de qualquer outra secretaria, inclusive a Secretaria de Finanças, com a qual o diretor de informática admitiu manter relações mais próximas do que com a própria Secretaria de Planejamento. O DI não mantém qualquer rotina ou projeto especial com o setor de planejamento da secretaria com a finalidade de planejar em conjunto o desenvolvimento urbano e tecnológico da cidade, exceção feita aos projetos de modernização das próprias atividades da secretaria, como, por exemplo, a implantação de Sistemas de Informação Geográfica (SIG).

Estratégias conjuntas de planejamento urbano, levando em consideração possibilidades de uso das TICs para a determinação de diretrizes de desenvolvimento urbano em longo prazo, assumem natureza essencialmente operacional e técnica. Não puderam ser verificadas ações integradas que considerem as principais tendências de avanço das TICs na vida urbana que reflitam em questões de ordenamento do solo, transportes, forma urbana; principalmente no momento em que a Secretaria de Planejamento e Informática discutia a necessidade e constituição de seu novo plano diretor.

Essa falta de coordenação e envolvimento das duas divisões ocorre em mão dupla, isto é, não há no DI a visão que contemple o planejamento urbano como parceiro de atividades na determinação das diretrizes do desenvolvimento das TICs na cidade, bem como o setor de planejamento não considera o papel estratégico das ações do DI no desenvolvimento urbano em longo prazo, enxergando este departamento como um importante órgão de apoio instrumental e operacional. Como a própria Secretária de Planejamento e Informática admite sobre o seu relacionamento com o DI:

> É complicado, nós acabamos nos falando muito pouco, deveríamos estar mais em contato. Ele responde direto ao prefeito, a gente leva [o dia a dia] não como está no papel. O departamento dele é como se fosse outra secretaria [...] No momento ele presta serviço de assistência técnica mesmo. (Belíssimo, 2006)

Assim, fica praticamente afastada a hipótese de proximidade entre essas duas áreas, configurando o direcionamento do planejamento urbano para uma integração das questões tecnológicas com a finalidade de contemplar um modelo estratégico de desenvolvimento urbano-tecnológico.

Ainda segundo Belíssimo, sobre a possibilidade de se conseguir maior integração e coordenação entre as ações de planejamento urbano e de desenvolvimento tecnológico:

> Eu acho que nossa realidade está um pouco distante disso [...] acho que acaba não fazendo parte da nossa realidade, estamos engatinhando ainda [sobre o uso das TICs no planejamento urbano]. Sem dúvida a proposta da cidade digital é revolucionária, mas... (Belíssimo, 2006)

Por um lado, as ações do setor de planejamento pautavam-se pela prioridade máxima da organização, criação e aprovação de um plano diretor para a cidade, seguindo as exigências do Estatuto da Cidade do Ministério das Cidades, por falta de uma cultura de planejamento urbano na cidade. Essa prioridade abria a possibilidade de discutir a cidade segundo novos e revolucionários parâmetros de comportamento da organização do espaço impulsionados, entre outros fatores, pela redefinição de paradigmas espaço-temporais das relações homem-tecnologia-espaço-tempo.

Em tese, isso, por sua vez, poderia refletir em um plano diretor mais coerente com as situações atuais de dinamicidade das configurações econômicas, sociais e culturais do espaço urbano.

Essa possibilidade de inovação na atividade de planejamento urbano teria a ganhar ainda mais consistência com as estratégias de planejamento participativo empregadas para as discussões sobre os problemas da cidade e eixos do plano diretor. Mas, ao contrário do que a posição de destaque da cidade (Firmino, 2006) poderia fazer-nos supor, mesmo com a salutar atualização de caracterizações do espaço na cidade de Catanduva segundo, principalmente, novas condições econômicas da população, perdeu-se a oportunidade de incorporar as questões ligadas ao uso e avanço das TICs ao desenvolvimento e planejamento da cidade. De todas as seções e subseções do texto do plano diretor, apenas uma (seção V, do capítulo I do título IV, que trata do sistema municipal de planejamento e gestão urbana) relaciona, por exemplo, a gestão da informação ao desenvolvimento físico da cidade, tratando das disposições legais sobre o sistema de informações municipais, onde determina que:

> O Sistema de Informações Municipais (SIM) tem como objetivo fornecer informações para o planejamento, o monitoramento, a implementação e a avaliação da política urbana, subsidiando a tomada de decisões ao longo do processo. (Prefeitura do Município de Catanduva, 2006)

Por outro lado, as ações inovadoras e modernizadoras do DI não continham em si qualquer caráter de preocupação com o desenvolvimento urbano em longo prazo. A maioria de suas iniciativas e projetos mantinham fortes ligações com as correntes modernizadoras de administração e processos de gestão pública, muitas vezes chamadas de governo eletrônico (e-gov), como a criação de uma rede municipal sem fio para uso do poder público local, ou a informatização e manutenção de equipamentos e sistemas da administração municipal. Todos esses projetos de e-gov compõem um importante elemento de desenvolvimento tecnológico de um município, mas não bastam para caracterizar políticas de desenvolvimento urbano-tecnológico, onde projetos

CIDADE AMPLIADA 51

e ações devem manter um vínculo permanente com políticas públicas preocupadas com o planejamento econômico, social, cultural e físico-territorial da cidade.

Entretanto, durante o primeiro ano de gestão dessa administração, tais características de um projeto abrangente e integrador puderam ser observadas em duas ações particulares e importantes, mas que passam despercebidas dos anais oficiais da recente história de Catanduva:

1. A constituição informal de um núcleo de discussões, apelidado por seus membros de Núcleo de Gestão Estratégica;
2. A consequente idealização do projeto Cidade Digital de Catanduva.

COORDENAÇÃO INFORMAL DO DESENVOLVIMENTO URBANO-TECNOLÓGICO
– O NÚCLEO DE GESTÃO ESTRATÉGICA E O PROJETO CIDADE DIGITAL

A história recente da gestão municipal em Catanduva contou com uma particularidade na formação de suas políticas públicas estratégicas, especialmente no que diz respeito ao uso de TICs em serviços públicos e na modernização da administração pública.

No início da formação desta administração, pouco antes das eleições em 2004, o prefeito Affonso Macchione Neto reuniu três homens de sua confiança, com formações diferentes, e que não se conheciam, para formar um corpo informal de assessores especiais. Omar de Oliveira, com formação em engenharia agrária e oficialmente trabalhando na Secretaria de Saúde, Clécios Batista, pedagogo de formação e nomeado diretor de Planejamento, e Ivan Ramalho, da área de tecnologias da informação e diretor do Departamento de Informática, aproximaram-se a pedido do prefeito para tratar de questões estratégicas de funcionamento da administração. A princípio, a principal função desse grupo era buscar aumentar a eficiência das ações da municipalidade, promover integração entre os diversos setores e coordenar iniciativas transversais que envolvessem várias secretarias e departamentos, com a finalidade de promover melhorias estruturais em áreas-chave como educação, saúde, desenvolvimento econômico, assistência social e promoção cultural na cidade.

O prefeito me chamou e disse o seguinte: "olha, nós temos um diretor de Planejamento chamado Clécios, temos um diretor de Informática chamado Ivan; eu gostaria que você sentasse com eles e trocasse algumas ideias e intensificasse um núcleo de discussões e trouxesse questões pra que a gente pudesse refletir". (Oliveira, 2006)

A princípio esse grupo começou a realizar reuniões em horários fora do expediente de trabalho, até que os dois primeiros, Omar de Oliveira e Clécios Batista, decidiram trabalhar mais próximos e com isso mudaram-se para um mesmo gabinete. Ivan Ramalho eventualmente juntava-se ao grupo para discutir as questões, até então, de mudanças administrativas e diretrizes de governo.

Através de uma matéria da revista norte-americana *Newsweek*, os três tomaram conhecimento das ações públicas na cidade fluminense de Piraí, onde um conjunto de projetos envolvendo TICs destacava-se em diversas áreas da administração pública, com várias iniciativas na área de inclusão digital através da formação de redes sem fio públicas, construção de telecentros etc. Segundo Clécios Batista, este momento foi crucial no fortalecimento das relações dos três membros do grupo e do nascimento do que passou a ser chamado de Núcleo de Gestão Estratégica (NGE).

Os três agendaram visitas às cidades de Piraí e Itajubá para conhecer sistemas de gestão municipal. A importância desta viagem vem da possibilidade de reunião absoluta do recém-formado NGE ao redor de uma reflexão específica de questões do uso das TICs na gestão pública e no desenvolvimento da cidade. Dessa reunião surgiu o projeto Cidade Digital, envolvendo inúmeros projetos de TICs, com a finalidade maior da promoção de melhorias no desenvolvimento social, econômico e de gestão em Catanduva.

CIDADE DIGITAL + NGE

A principal ideia sustentada pelo projeto Cidade Digital, segundo Clécios Batista, era a implantação de sistemas técnicos de auxílio à administração municipal e de melhoria dos serviços públicos que não servissem apenas como ferramenta de gestão, mas que funcionassem como programas de estímulo à articulações sociais. Nesse sentido, a história inicial do projeto Cidade Digital confunde-se com a curta história do NGE.

O sucesso e a visibilidade do projeto ficaram marcadas, entretanto, por sua operacionalidade técnica, principalmente com a instalação pioneira, no Brasil, de uma rede pública sem fio com cobertura próxima dos 100% do perímetro urbano. O ponto de partida do projeto foi a construção e consolidação dessa rede para que, a partir dela, outros serviços pudessem ser agregados, como, por exemplo, o programa de georreferenciamento, ou o sistema de monitoramento urbano por câmeras de circuito fechado de TV, entre outros. Segundo o documento de criação do projeto, entre os retornos esperados para o projeto estavam:

1. Transparência da administração;

2. Fomentação de novos investimentos da iniciativa privada no município;

3. Redução do retrabalho na administração;

4. Redução dos custos de telefonia na ordem de 50% dos valores mensais;

5. Instalação de terminais de acesso em pontos estratégicos da cidade;

6. Disponibilização de internet banda larga para a população carente, indústria e comércio;

7. Desenvolvimento de diversas ações de inclusão digital, pela celebração de convênios com a UNICAMP e FUNDUNESP;

8. E conexão do sistema de georreferenciamento ao sistema de monitoramento por câmeras da Polícia Militar.

O jornal local *Notícia da Manhã* chegou anunciar que Catanduva se tornaria cidade digital e ressaltou o aspecto catalisador do projeto:

> O Departamento de Informática da Prefeitura ressaltou a necessidade social do projeto "Cidade Digital". Segundo o departamento, a comunidade de Catanduva percebe a necessidade do município retomar o desenvolvimento. "Muitas famílias observam com tristeza seus filhos abandonarem Catanduva, desolados e sem perspectiva de crescimento. A cidade não quer apenas crescer economicamente, mas também se desenvolver como polo cultural, povoar-se com dinamismo tecnológico, voltar a acolher quem aqui deseja fixar-se e atender as necessidades da região", declarou Clécios Vinícius Batista e Silva, diretor de Planejamento. Para atender essa necessidade social, o projeto visa possibilitar a inclusão digital para a população de baixa renda; permitir que os gestores municipais tenham instrumentos gerenciais baseados em indicadores atualizados; dar celeridade à administração municipal; assegurar transparência administrativa; permitir a publicidade de todos os atos da Prefeitura; inovar na concepção de uma administração pública totalmente integrada; incentivar investimentos produtivos no município (uma vez que a infraestrutura digital é fator decisivo para o investidor) e participar da composição de uma rede social, em parceria com a sociedade civil. (*Notícia da Manhã*, 2005)

O Cidade Digital impulsionou também o DI como principal coordenador das ações tecnológicas e de iniciativas que envolvessem o emprego de ou reflexão sobre TICs na gestão pública e na cidade. O papel central assumido pelo DI, comentado acima, deveu-se, em grande parte, à visibilidade do projeto Cidade Digital e do envolvimento direto de seu diretor, Ivan Ramalho, no grupo do NGE. Dessa forma, o projeto teve como principal mentor de suas iniciativas e ramificações o NGE, tendo como executor e perpetuador (mesmo após a dissolução do NGE), o Departamento de Informática da Secretaria de Planejamento e Informática. O projeto ganhou tamanha dimensão que passou a ser conhecido e defendido nos bastidores do governo do estado, mesmo porque o então governador, Geraldo Alckmin, compartilhava o mesmo partido do prefeito Affonso Macchione Neto, o PSDB. O projeto passou a ganhar status de bandeira da gestão Macchione em Catanduva e ser reconhecido além das esferas regional e estadual.

> Chamamos a atenção para o projeto; enfim, se você for ver os projetos de Catanduva nenhum projeto lá tem nome, logomarca e objetivo claro, exceto este do Cidade Digital. (Batista, 2007)

A primeira grande realização do projeto, e que lhe rendeu tal reconhecimento, foi a instalação da rede pública sem fio, interligando mais de 60 edifícios municipais e cobrindo quase a totalidade do território urbano de Catanduva. Essa operação técnica, relativamente simples, apresentava-se ainda como inovadora no âmbito das ações municipais no Brasil, pelo menos em cidades do porte de Catanduva, com cerca de 110 mil habitantes. A cidade seguia os passos de Piraí, no estado do Rio de Janeiro, e da pequena cidade paulista de Sud Mennucci, que, com seus cerca de sete mil habitantes, já contava com rede pública sem fio conectando escolas, postos de saúde e prefeitura, além de oferecer o sinal gratuito à população. Assim como Piraí, Sud Mennucci recebeu atenção da imprensa, bem como Catanduva viria a receber após implantação de sua rede.

Aos poucos, o alarde com a criação do projeto Cidade Digital, mesmo antes de seu lançamento oficial, creditou prestígio aos membros do NGE, facilitando suas ações internamente à administração, o que até então não acontecia sem problemas. Houve muita resistência dos servidores públicos em aceitar as determinações vindas de pessoas recém-chegadas à prefeitura e com novas ideias, principalmente pelo fato de o NGE não existir formalmente na estrutura administrativa. A primeira preocupação foram fazer um diagnóstico da situação da gestão pública em Catanduva, onde se percebeu desconexão completa de informações importantes para os processos de tomada de decisão.

> Nós passamos praticamente uma semana nessa situação em que eu me sentia parte de um exército de ocupação; é uma sensação horrível [...] a resposta mais frequente pra tudo o que a gente perguntava no primeiro mês em Catanduva era "eu não sei"; eram "eu não sei" quantitativos e qualitativos. Você chegava pra alguém da área de recursos humanos e fazia uma pergunta assim: "qual é a média de licenças/mês que a gente tem? Eu não sei", ou, "você saberia me dizer qual é o setor onde o nível de pedidos de licenças/mês é maior? Eu não sei". (Batista, 2007)

Com a divulgação das ações previstas no Cidade Digital, essa desconfiança diminuía. Mas, por volta do quinto mês de governo, uma disputa interna entre o prefeito e seu chefe de gabinete, Roberto Cacciari, viria a retardar ainda mais o lançamento do projeto e dificultar novamente as ações do NGE. O problema não teve resolução, o que causou significativa ruptura na coligação que havia ajudado eleger Affonso Macchione. Não só seu chefe de gabinete, como a secretária de educação, diretor de recursos humanos, assessor de comunicações, dentre outros cargos importantes, ficaram vagos após essa disputa política, desestabilizando temporariamente as primeiras ações tanto do NGE e da prefeitura como um todo. O NGE, segundo Clécios Batista, seria visto como pivô da desestabilização interna que provocara tal ruptura.

> Isso fragmentou [sobre a ruptura] tudo porque você imagina que, em seis meses, praticamente metade das forças

políticas que te apoiaram estavam saindo do teu barco. Então isso gerou um tumulto considerável [...] a minha leitura, eu não tenho certeza disso que eu estou te falando, mas a minha leitura é que esse grupo todo que saiu faz a leitura que nós que fizemos eles saírem. (Batista, 2007)

Mesmo com esses problemas de aceitação por parte de servidores públicos e forças políticas, o grupo que compunha o NGE conseguiu penetração suficiente para estruturar o projeto Cidade Digital, conquistou reconhecimento local e regional, para ainda sensibilizar setores do governo do estado; tudo isso em um intervalo de pouco menos de um ano de governo.

Ironicamente, o evento de abertura e lançamento do projeto ainda marcaria um estreitamento em sua abrangência e poder de capilaridade em ações sociais e econômicas de maior impacto, assim como marcaria também o princípio de uma nova fase de falta de prestígio do NGE, junto ao próprio prefeito.

Após ganhar visibilidade estadual, o projeto Cidade Digital dava às autoridades locais em Catanduva a oportunidade de organizar um evento com a presença de grandes nomes da política de São Paulo e do Brasil, secretários e diretores ligados à Secretaria Estadual de Ciência e Tecnologia, todos interessados em se aproximar de um projeto que prometia ser destaque, pelo menos entre as estratégias de governo eletrônico no estado.

Imediatamente, percebendo que quanto maior visibilidade, maior a possibilidade de angariar recursos para a completa implementação das iniciativas previstas no projeto, os membros do NGE e o próprio prefeito iniciaram uma massiva publicização do evento de lançamento do projeto, tendo entre as autoridades com presença confirmada o governador do estado e seu secretário de Desenvolvimento Econômico, Ciência e Tecnologia. Segundo Batista (2007), durante a organização do evento, começaram aparecer certas diferenças políticas entre os membros do PSDB no estado, onde dois grupos mostravam-se mais evidentes, ambos reclamando para si o apadrinhamento do projeto em Catanduva: de um lado o grupo do governador Geraldo Alckmin, e de outro de seu colega de partido, então prefeito de São

Paulo, José Serra. Ainda segundo Batista (2007), essa disputa viria a se evidenciar durante a campanha presidencial de Geraldo Alckmin.

O resultado dessa disputa foi um esvaziamento do evento. As principais autoridades estaduais desistiram de participar, causando certa decepção ao prefeito Affonso Macchione Neto, que contava com a visita do governador do estado a sua cidade, tendo inclusive anunciado a visita várias vezes na imprensa. Em 4 de agosto de 2005, o jornal local *O Regional* admitia o desgaste político em matéria intitulada "Alckmin é dúvida e governo corre para evitar desgaste":

> O governador Geraldo Alckmin dificilmente estará em Catanduva no dia 8 de agosto, como haviam informado os principais nomes do tucanato municipal. No Palácio dos Bandeirantes, a Casa Civil afirmou que a visita sequer foi agendada. Ontem, o governo municipal agiu para tentar evitar o desgaste que a ausência do governador poderá provocar. O assessor especial José Roberto Perosa Ravagnani, Zé Ito, passou o dia em São Paulo tentando corrigir o erro do governo. O prefeito Afonso Macchione, que chegou ontem de viagem, volta à capital hoje para uma nova investida junto ao Palácio. (*O Regional*, 2005).

Com o esvaziamento político do evento – que apesar disso foi um sucesso local e regional – e a decepção do prefeito em não poder contar com as principais forças políticas de seu partido em exercício de governo, o NGE perdeu, segundo seus próprios protagonistas, o prestígio que tinha de órgão especial de assessoria estratégica ao prefeito. Conjuntamente, o projeto Cidade Digital perdeu suas dimensões holísticas, passando a representar um grande projeto de capacitação técnica da prefeitura e sua estrutura administrativa e comunicacional.

Há na raiz desse novo descompasso entre NGE e prefeitura uma diferença clara de visões sobre o evento que marcaria o lançamento do projeto. Se, por um lado, os membros do NGE consideravam o evento do dia 8 de agosto de 2005 como o início oficial do Cidade Digital, por outro, o prefeito Affonso Macchione Neto parecia entender esse evento como a grande visita do governador do estado a Catanduva, tendo como motivação secundária e incidental o lançamento do projeto Cidade Digital. Esta diferença de visões foi também confirmada por um dos membros do NGE durante entrevista, enquanto refletia sobre a importância desse momento na subsequente dissolução do grupo e perda de importância do projeto.

Logo após o evento, Omar de Oliveira veio a se desligar do governo local, sendo seguido por Clécios Batista poucos meses depois. O Cidade Digital ficaria sob inteira responsabilidade do DI e seu diretor Ivan Ramalho, o que também reforçou o papel central desse departamento na gestão de TICs, agora sem a presença do NGE . O projeto prosseguiu, mesmo sem a força com que se iniciou, e várias iniciativas foram colocadas em prática.

Entretanto, por divergências quanto ao porte e capacidade do Cidade Digital, durante implantação do sistema de monitoramento urbano por câmeras nas ruas, em janeiro de 2007, o diretor de Informática, Ivan Ramalho, foi exonerado. Ramalho alertava para a necessidade de aumento de banda da rede municipal antes da implantação do sistema de monitoramento, para evitar problemas de tráfego de dados. O sistema foi implantado sem a expansão da rede e começou a apresentar problemas, que rapidamente ganharam importância na mídia local, e provocaram o desligamento do diretor do DI. A imprensa local também relacionou a exoneração de Ramalho aos problemas do sistema de monitoramento:

> O governo de Catanduva perdeu ontem um dos diretores que mais se destacaram no turbulento primeiro ano de Afonso Macchione Neto (PSDB) à frente da Prefeitura: Ivan Iglesias Ramalho, diretor de Informática. Fontes ligadas ao gabinete do prefeito afirmaram que problemas de toda ordem no programa de videomonitoramento da cidade respondem pela exoneração de Iglesias. (*O Regional*, 2007)

Desfazia-se assim o último vínculo da prefeitura de Catanduva com o breve e inovador, Núcleo de Gestão Estratégica.

Flexibilidade Interpretativa

Visões sobre as TICs e o desenvolvimento urbano em Catanduva

Vários aspectos conceituais e técnicos envolvidos com o desenvolvimento urbano-tecnológico em uma cidade podem facilmente adquirir uma infinidade de interpretações, dependendo dos interesses e formação das pessoas e grupos partes da construção social desse processo. "Problematização" é parte de um estágio inicial fundamental na definição dessas diferentes visões ou interpretações, isto é, na medida em que os diferentes grupos sociais identificam novos problemas, consequentemente, novas soluções e desenhos de estratégias e políticas públicas vão surgindo. Assim, o que os socioconstrutivistas chamam de flexibilidade interpretativa é um fenômeno normal, necessário e inevitável no processo de desenvolvimento e uso de novas tecnologias.

Nesse sentido, as características particulares do desenvolvimento urbano-tecnológico em Catanduva estão relacionadas com a breve história do NGE e a maneira com suas visões foram incorporadas pelo restante da administração através do papel central ocupado pelo DI no período subsequente à dissolução do NGE.

A variedade interpretativa do desenvolvimento urbano-tecnológico em uma cidade aparece associada aos discursos dos grupos envolvidos com a gestão pública local ao tratar assuntos de pouca precisão conceitual, como é a influência das TICs no espaço urbano e na gestão das cidades contemporâneas. Os discursos dos entrevistados, nesse sentido, normalmente mostram quão vagas, variadas e, por vezes, contraditórias as interpretações podem ser. No caso específico das cidades paulistas, conhecidas por suas disputas na arrecadação de impostos e atração de novos negócios, não é incomum encontrar nos discursos locais um simbolismo inerente às TICs como artefatos econômicos e empresariais, representativos de possíveis vantagens competitivas.

As constantes tentativas de se atribuir visibilidade a projetos de TICs são vistas por autoridades locais como importantes estratégias econômicas, assim como o comprometimento político com o emprego dessas tecnologias na gestão municipal. Governos locais normalmente esperam atrair mais investimentos com o selo de "local inovador" ou "empreendedor" associado às TICs.

É preciso, portanto, nos processos em que estão envolvidos planejamento e desenvolvimento urbano contemporâneos, compreender, por exemplo, se tais impulsos "propagandísticos" estão ligados às visões das autoridades locais sobre possíveis estratégias de desenvolvimento urbano-tecnológico. Ademais, enquanto essas relações parecem óbvias, é importante a busca por certos detalhes de como ações e interpretações podem estar ligadas, que aspectos compõem essas visões e como interpretações distintas dos diferentes grupos sociais interagem umas com as outras. Alguns desses elementos podem ser apontados pela desconstrução dos depoimentos de atores-chave na formação do desenvolvimento urbano-tecnológico local, determinando o que pode ser chamado de aspectos dominantes da flexibilidade interpretativa.

Durante a análise das entrevistas e material documental, algumas visões mostraram-se mais presentes, com o destaque de pelo menos seis aspectos dominantes no caso da história recente de construção social do desenvolvimento urbano-tecnológico em Catanduva, e que nortearam as principais ações da prefeitura a partir de 2005:

1. O peso do plano diretor nas políticas locais recentes;

2. O imperativo ou o paradigma da cidade-empresa;

3. O papel instrumental das TICs;

4. A modernização administrativa como motor de arrecadação do município;

5. O controle e monitoramento do espaço e das informações;

6. E mudanças na cultura administrativa pautadas pelo símbolo da eficiência.

A seguir, relacionamos ao menos um exemplo de discurso ou situação que denunciam a presença destes aspectos dominantes.

(1) O peso do plano diretor nas políticas locais recentes:

> Nós contamos com a consultoria do Instituto Pólis (temos um material para informar a população, cronogramas etc.). O principal, eu digo hoje, de acordo com a Constituição Federal, o instrumento básico de expansão e desenvolvimento urbano é o plano diretor, então a gente trabalha com estes pilares, o Plano Diretor Participativo, e com a aprovação do Estatuto das Cidades [...] então a nossa luta hoje é para institucionalizar a secretaria e o planejamento. (Belíssimo, 2006)

> [Sobre a necessidade de um plano diretor] Aí tinha a questão do Plano Diretor que eles falavam: "ah, mas precisa fazer mesmo?"; "precisa, é importante, porque a gente está trabalhando sem planejamento". Isso que eu acho que é um grave erro da administração. Nós estamos acudindo, fazendo, fazendo por conta, mas nós não temos um planejamento geral. (Marto, 2006)

(2) O imperativo da cidade-empresa:

> Seria. Sem dúvida! [quando perguntada se a administração pública ideal é comparada à administração privada de uma empresa]. (Belíssimo, 2006)

> É, eu vejo muitas semelhanças, eu vejo só uma grande dificuldade que a gente fica muito engessado no serviço público, no serviço privado você tem muito mais agilidade. (Macchione Neto, 2006)

> A semelhança é minimizar custos e maximizar receita, essa é a semelhança. Na empresa privada, você tenta

de todas as formas fazer pelo menor, ter o menor custo do produto e vender pela melhor condição de venda, e aqui é a mesma coisa: nós temos que fazer ter o menor custo possível da máquina administrativa e dos serviços que você contrata e tentar buscar o máximo da receita possível, diminuir a inadimplência, otimizar as receitas de alguma forma, motivando também a população que você está dando em benefício pra que ela pague em dia os seus compromissos, então, aí, eu vejo uma semelhança. (Macchione Neto, 2006)

O Afonso é um empresário extremamente bem sucedido, mas ele não vem da área de políticas públicas, ele não tem essa visão de administração compartilhada no sentido de que as metas são estabelecidas de forma compartilhada, ele faz todos os procedimentos de forma compartilhada, ou seja, o desenvolvimento da ação é compartilhado, mas a concepção da ação não, e ele mesmo sente isso. (Batista, 2007)

(3) O papel instrumental das TICs:

É, na verdade, eu acho que a secretaria; veja estou dando aí uma análise mais profunda. Mas eu acho que uma secretaria de informática, eu acho que ela estaria mais ligada à parte técnica, fornecendo ferramentas pra uma secretaria de planejamento. Fazer essa perspectiva, planejando esse futuro [sobre o pensar a cidade e as tecnologias] eu acho que a informática vai dar essas ferramentas, mas eu não sei se ela poderia, pois é capaz de chocar com uma secretaria de planejamento. (Macchione Neto, 2006)

(4) Modernização administrativa como motor de arrecadação do município:

Tem um aspecto mais financeiro, mas eu falo porque o PMAT, qualquer pessoa que vem perguntar sobre o PMAT, porque um dos objetivos do governo ter lançado esse projeto, é realmente aumentar a arrecadação. (Garcia, 2006)

[Sobre a modernização da arrecadação] Nós fomos contemplados com o PMAT em 2002. Aí, o PMAT, na verdade, vem como uma modernização na parte de arrecadação; então, aí, a gente está na eminência de implantar a central de atendimento e de uma mudança geral em termos de informatização de todos os setores de arrecadação da prefeitura. (Fonseca, 2006).

(5) Controle e monitoramento do espaço e das informações:

[...] chamamos esse projeto de Muralha Digital; porque Muralha Digital? Não me lembro que cidade do estado de São Paulo estava querendo fazer uma muralha como na Idade Média. A ideia é você ter todos os pontos de acesso à cidade monitorados naquele momento depois todos os pontos de venda de drogas etc. (Ramalho, 2006)

A ideia básica, a ideia maior era ter 100% dos limites da cidade controlados [...] Tá tira um pouco da sua privacidade? Tira. Mas qual é o benefício trazido, você tem um pouco mais de segurança, o que vale mais a pena? Você sair na rua que é um local público que todos te vêem, você não tem privacidade nenhuma, que privacidade você tem no meio de uma rua? Você tá sendo monitorado ou por uma câmera, ou por um guarda, ou por um policial civil a qualquer momento, ali você não tem privacidade, você tem que ter privacidade dentro da sua casa. Então esse é o meu ponto de vista, dentro do seu clube, dentro de algum lugar especial [...] Agora essa que é a ideia você ter a câmera pra poder aumentar a segurança de quem está na rua. (Ramalho, 2006)

Agora nós também estamos concluindo uma compra das nossas câmeras que vão vigiar o trânsito da cidade. Não só o trânsito, mas a parte de segurança. Nós estamos colocando 16 câmeras na cidade, que vão estar numa central na polícia, na Polícia Militar, que vai ter lá um grande painel, onde ele vai poder acompanhar quem entra e quem sai da cidade num primeiro momento e se tiver algum carro suspeito ele vai acionar a polícia pra fazer as abordagens. Mas nós estamos querendo um sistema não sei se ainda nesse primeiro momento, mas nós vamos fotografar as chapas dos veículos que vão passar por um ponto lá, principalmente quem vem com chapa de fora, nós vamos tentar fazer uma abordagem. Eu acho que isso aí acaba selecionando o ladrão na pior das hipóteses, porque a pessoa que vai vir a Catanduva pra fazer qualquer tipo de delito vai ter que ser muito especializada porque sabe que tá sendo vigiada. (Macchione Neto, 2006)

(6) Mudanças na cultura administrativa:

O grande problema nosso não é o sistema, são as pessoas que operam esse sistema. As pessoas não querem aprender a mexer, elas são resistentes a mudanças; é próprio do ser humano, até entendo esse aspecto, mas elas são resistentes. (Fonseca, 2006)

Então realmente é um problema que nós estamos tendo na integração, é difícil, é mudança de hábito, mudança de hábito mesmo porque cada secretário tem uma função administrativa e gostaria que o sistema fosse feito pra atender especificamente aquela situação dele e não é assim todos nós temos que ceder um pouco pra adequar ao sistema público. (Macchione Neto, 2006)

Eu vou usar uma expressão meio forte a gente vinha de uma formação de gestão que não era provinciana, no sentido que a gente tinha experiências de fora disso e a gente tinha uma formação que permitia entender a dinâmica dos problemas [...] é curioso isso que as pessoas têm a percepção hoje que a atuação delas tem que ser dinâmica, mas elas continuam tendo a percepção que os problemas são estáticos. (Batista, 2007)

É importante destacar que as citações representantes de cada aspecto configuram exemplos de situações onde o assunto específico era citado. A importância da identificação desses aspectos reside no fato de representarem visões dominantes de servidores públicos e tomadores de decisão quando indagados especificamente sobre as questões acima.

De uma maneira geral, os mesmos podem mostrar tendências de configuração de políticas públicas direcionadas ou não ao desenvolvimento urbano-tecnológico. Um exemplo simples e muito claro é a questão do controle e monitoramento do espaço e das informações, que ganha certa relevância com a possibilidade ofertada pelas TICs, por exemplo, de se vigiar espaços públicos. Questionamentos importantes sobre privacidade e direitos de liberdade civil são comumente confrontados com o argumento da defesa do bem público e da segurança dos cidadãos.

Gestão desintegrada da informação,
São Carlos

A cidade de São Carlos, no interior do estado de São Paulo, representa um caso atípico no cenário brasileiro, pela característica peculiar de abrigar duas das mais importantes universidades do Brasil, Universidade de São Paulo (USP) e Universidade Federal de São Carlos (UFSCar). Além das universidades, a cidade também é sede de importantes centros de pesquisa e indústrias de base tecnológica, o que lhe confere, já há algum tempo, o rótulo instituído por parte da classe científica e tecnológica local de "Capital da Tecnologia".

Esse fator de influência na gestão da informação e das TICs na cidade, mas exatamente por apresentar esses diferenciais na comparação a outras cidades médias do estado de São Paulo, é que se faz necessária uma breve consideração de sua história recente. A importância do fator "São Carlos, polo tecnológico" na determinação das políticas públicas locais mais recentes, influenciando o desenvolvimento urbano-tecnológico da cidade.

EDUCAÇÃO, CIÊNCIA E TECNOLOGIA
NA FORMAÇÃO DA CIDADE DE SÃO CARLOS

São Carlos caracteriza-se como uma cidade média do interior do estado mais desenvolvido do país, com peculiaridades em sua história que propiciaram a ela um *status* reconhecido de ambiente inovador em nível nacional.

O município de São Carlos do Pinhal foi fundado em 1880, a partir de terras pertencentes à Sesmaria do Pinhal, originalmente de posse do Cel. Carlos José de Arruda Botelho, que foi quem trouxe à região as primeiras culturas de café. Mas foi seu filho, Antonio Carlos de Arruda Botelho, o Conde do Pinhal, quem iniciaria o primeiro núcleo de povoamento com a construção da primeira capela, onde hoje se ergue sua Catedral. Sua vocação cafeeira estava garantida pelas terras fartas das fazendas que se espalhavam por todo o território do município. Em 1884, a cidade integra-se à rede ferroviária do estado de São Paulo, a partir de influência direta do Conde do Pinhal, o qual resolveu financiar o projeto de extensão de uma linha da Companhia Paulista de Estradas de Ferro até o município de São Carlos, com o intuito maior de facilitar o escoamento da produção de café até o porto de Santos.

Já é evidente a influência do café no desenvolvimento da cidade, com o fortalecimento de sua estrutura urbana, pois uma urbanização acelerada favorecia a produção, distribuição e consumo cafeeiro (de 1886 a 1890 a população urbana cresceu 246,1%). Assim, o complexo urbano dava chances também para a produção rural integrar-se ao sistema econômico estadual, por intermédio dos principais interessados: o fazendeiro produtor, o estado como agente catalisador e o clero católico como reunificação sociocultural.

A partir da década de 1940, observa-se um grande desenvolvimento urbano e a consolidação da indústria na economia do município. Nesse instante, rompe-se de vez com o ciclo do café, e a cidade mergulha em seu segundo momento de desenvolvimento, passando o poder político das mãos dos "barões do café" aos industriais, profissionais liberais e comerciantes. É o chamado momento de transição, do "coronelismo" para o "populismo" (que encontra situações favoráveis para a sua instalação e se mantém até a década de 1970). Nas décadas seguintes de 1950 e 1960, a cidade é marcada por um momento de grande pujança econômica do setor industrial, com a instalação de várias indústrias de porte, e a atração de instituições importantes de ensino e pesquisa. Pode-se destacar, portanto, os seguintes momentos:

1. Em 1948, é fundada a Escola de Engenharia (atual USP);
2. Em 1951, a instalação de unidades do SENAI e SENAC;
3. Em 1952, nascem as Indústrias Pereira Lopes de refrigeradores domésticos;
4. Em 1959, são instalados os primeiros telefones automáticos pela Telefônica Central Paulista;
5. E, em 1967, através de lei federal, surge a Universidade Federal de São Carlos (UFSCar).

É, portanto, a partir dessas décadas que nasce extraoficialmente o polo industrial/educacional de São Carlos, consolidado a partir da década de 1970. Assim, tem início, na década de 1980, as primeira iniciativas que deram condições à configuração do que hoje é conhecido como polo tecnológico de São Carlos. As universidades aliam-se a pequenas empresas, germinando a produção tecnológica, e, em 1984, o CNPq reconhece a vocação da cidade, firmando contrato de auxílio às iniciativas de criação e consolidação dos espaços de produção inteligente (parque de alta tecnologia), a fim de criar uma situação tecnológica que, integrada a outras cidades, como Campinas e São José dos Campos, estruturam uma importante "rede da inteligência" no estado de São Paulo.

A cidade conta, assim, desde o início de seus tempos, com fatos e figuras importantes no desenvolvimento de seus potenciais hoje reconhecidos. Uma base industrial de capital local, criada muito antes do processo de interiorização da indústria paulista, ajudou a atrair sua própria base educacional e de pesquisas.

Escolhida em 1984 pelo CNPq, entre as primeiras cidades a receber incentivos para o desenvolvimento tecnológico, sua importância como polo de atração e desenvolvimento de uma cultura técnico-científica para a região passou a ser sua principal marca.

Sempre existiram esforços de parcelas da comunidade, do poder público e de entidades promotoras e gestoras do potencial polo de alta tecnologia de São Carlos, no sentido de divulgação e de consolidação da estratégia de promoção em nível nacional e internacional da cidade. Em 1994, foi criada pela principal entidade promotora do polo, juntamente com o governo local, uma campanha na tentativa de estabelecer este rótulo, a campanha "São Carlos: Capital da Tecnologia".

Consolidação urbana e a vocação tecnológica

A cidade de São Carlos destaca-se de suas vizinhas (Araraquara, Matão, e até Ribeirão Preto) por certas particularidades que fizeram dela um lugar propenso ao surgimento de espaços da tecnologia, ligados à produção do conhecimento e transferência tecnológica.

São Carlos corresponde a um dos casos de destaque no estado de São Paulo e no país do que, na literatura, ficaram conhecidas como cidades da inteligência (Firmino, 2000) ou polos de desenvolvimento e atração tecnológica. Mas esta vocação não surgiu por acaso. Fatos relacionados desde a fundação da cidade desenvolveram-se historicamente para consolidar seu *status*. O que levou a cidade de São Carlos a essa constituição de cidade da inteligência com o desenvolvimento de uma cultura fortemente apregoada às instituições de ensino e pesquisa, relacionadas ao setor produtivo, foram peculiaridades de sua história.

Segundo Amador (1990), essa história pode ser dividida, basicamente, em dois principais momentos: o ciclo inicial do café que proporcionou condições para a consolidação do segundo momento, o de polo industrial/educacional. Hoje, mesmo com suas empresas corporativas (as de maior porte e volume de pessoal ocupado) dirigidas pelo capital internacional, a cidade ainda apresenta um forte contingente de indústrias tradicionais locais, além das empresas de base tecnológica formadas também localmente.

O que realmente chama a atenção na cidade de São Carlos é sua capacidade e imenso potencial para o desenvolvimento e produção direta de tecnologia. Entre seus casos de espaços de produção tecnológica, destacam-se as unidades de ensino e pesquisa locais, de importância regional, nacional, e até internacional. Isso faz da cidade um dos mais importantes pontos de excelência educacional e de pesquisa do país.

As universidades se destacam como portas abertas e ligações diretas com outras regiões do país e com outros países. São constantes os acordos e convênios firmados entre essas universidades e outras instituições (e empresas) do mundo todo.

Assim, além do desenvolvimento científico e de formação de pessoal, as universidades funcionam também como uma espécie de relações públicas da "inteligência" da cidade, fazendo com que as influências de São Carlos como cidade da inteligência ultrapasse as limitações da contiguidade para estabelecer laços técnico-científico-informacionais com outras cidades e regiões do país e do mundo.

Foi essa definitiva estrutura científica e educacional, juntamente com as suas outras condicionantes industriais, que transformou São Carlos em uma cidade propícia às inovações tecnológicas. Muitas das empresas de base tecnológica são criadas a partir de iniciativas empreendedoras, ou através de acordos com professores das universidades locais. Além disso, grande parte das empresas traça como principais motivos para a sua instalação em São Carlos, o fato de ser o "local de origem do empreendedor", e, em seguida, a presença de universidades.

A cidade ainda conta com outros tipos de espaços de produção tecnológica como centros de pesquisa, incubadoras de empresas nascentes e instituições promotoras da situação de desenvolvimento tecnológico.

Dentre os centros de pesquisa que mais se destacam em todo o país, a Embrapa (Empresa Brasileira de Pesquisas Agropecuárias) mantém duas unidades na cidade de São Carlos (o CPPSE – Centro de Pesquisa de Pecuária do Sudeste e o CNPDIA – Centro Nacional de Pesquisa em Instrumentação Agropecuária). Este destacado centro de pesquisas agropecuárias apresenta um importante fator de relacionamento da cidade com as regiões mais próximas, já que a região de Ribeirão Preto se sobressai pela produção intensa no setor agropecuário. As unidades da Embrapa em São Carlos representam, assim, um dos elos de ligação com a região.

O complexo produtivo tecnológico de São Carlos ainda é complementado por diversas empresas de bases tecnológicas que atuam na área de aeronáutica, automação, informática, instrumentação eletrônica, mecânica de precisão, novos materiais, ótica, química fina e robótica. Configuram-se ainda como importantes exemplos de incentivo à inovação, três incubadoras de empresas de base tecnológica, que estão historicamente entre as primeiras experiências brasileiras de incubação empresarial e têm por objetivo estimular a criação de empresas, a partir da transferência de tecnologia, gerada nas universidades e centros de pesquisa locais.

Há, portanto, uma série de condicionantes históricas, políticas, econômicas, espaciais, sociais e culturais que delimitam o *status* tecnológico de São Carlos como preferencialmente de produção tecnológica.

> A presença de duas renomadas instituições públicas de ensino, bem como outras de ensino privado, além de duas unidades da Embrapa nos coloca na posição de possuir alta qualificação de mão de obra. Portanto, o município destaca-se por uma forte área acadêmica, o que possibilita inúmeras parcerias com a finalidade de transferência de conhecimentos científicos e tecnológicos às empresas locais. (Leal, 2007)

São Carlos e o meio técnico-científico-informacional
do Estado de São Paulo

Toda essa dinâmica proporcionada por uma história de desenvolvimento industrial e educacional, formando um meio propício aos avanços técnico-científicos, não se encerra somente nos limites do município de São Carlos. Cidades como Campinas, São José dos Campos e a região metropolitana de São Paulo atraem (em diferentes escalas) a formação de empresas de base tecnológica, para as quais a presença das universidades e dos centros de pesquisa é fundamental tanto para o fornecimento e treinamento de um contingente de mão de obra de alta qualificação quanto para o importante compartilhamento de elevados riscos tecnológicos e econômicos de projetos intensivos em C&T, cujo desenvolvimento isolado é difícil, o que faz dessas cidades uma "região tecnológica" capaz de assumir e conduzir projetos de interesse comum a várias empresas de várias cidades e regiões diferentes.

É notável a presença de uma rede integrada de ciência, tecnologia e informação, ou seja, de universidades, institutos e centros de pesquisa, órgãos mantenedores de parques tecnológicos, e empresas de base tecnológica, atuando nos mais diversos setores, da biotecnologia, microeletrônica, informática, robótica, novos materiais, aeroespacial etc., indicando a existência de um sistema paulista de inovação. Segundo a Fundação Sistema Estadual de Análise de Dados (SEADE), esta cadeia de produção tecnológica paulista tem uma participação de quase 50% na produção nacional de ciência e tecnologia, e responde por 34,8% das despesas federais destinadas à pesquisa e desenvolvimento. É também neste âmbito que são formados 40% dos mestres e 68% dos doutores do país.

Com relação à região de Ribeirão Preto, segundo Elias (1996), as cidades de Ribeirão Preto, São Carlos, Araraquara e Franca exercem papel de líderes regionais, caracterizando-se como centros de recepção e emissão de modernizações às cidades mais próximas. A formação deste meio integrado de modernizações heterogêneas teve seu principal impulso na descentralização das indústrias no território paulista a partir da metade da década de 1970. De lá para cá, tem-se observado um forte desenvolvimento de várias cidades médias, localizadas no "braço" industrial, próximas à região metropolitana de São Paulo. Tal desenvolvimento produziu avanços econômicos e sociais, com destaque para as cidades de São Carlos, Campinas e São José dos Campos.

Nessa escala de observação, é possível determinar um meio técnico-científico-informacional altamente ativo e dinâmico, um dos mais importantes do país, onde se integra a cidade da inteligência de São Carlos e, consequentemente, todos os seus espaços de produção e de uso tecnológico.

Fig. 7. Desenvolvimento industrial em São Paulo. Fonte: Azzoni, 1986.

Parques tecnológicos de São Carlos: a construção política de possíveis catalisadores do desenvolvimento urbano-tecnológico regional

Desde 2005, a mídia são-carlense tem publicado periodicamente notícias sobre a instalação, construção ou criação de um parque tecnológico na cidade sem, no entanto, informar devidamente a população sobre as especificidades do projeto, os autores e agentes do parque. Esses são detalhes importantes para a devida compreensão do fenômeno "parque tecnológico" em São Carlos, um caso particular no cenário nacional. Na perspectiva de que os parques tecnológicos podem funcionar como catalisadores de vários setores do desenvolvimento urbano e regional, servindo ainda como estimuladores, no caso de São Carlos, de um pensamento de planejamento com vistas aos avanços tecnológicos, seria importante esclarecer brevemente como tem ocorrido o processo de criação de parques tecnológicos e quem são os principais atores e grupos envolvidos.

Sistema Paulista de Parques Tecnológicos

No dia 6 de fevereiro de 2006, o Decreto 50.504, do então governador Geraldo Alckmin, instituiu o chamado Sistema Paulista de Parques Tecnológicos (SPPT) definido, segundo o seu artigo 1º, como "instrumento articulador de Parques Tecnológicos no

Estado de São Paulo, que tem por objetivo fomentar, impulsionar e apoiar as iniciativas de criação e implantação dos parques" (Sistema Paulista de Parques Tecnológicos, 2006).

Cinco regiões do estado foram escolhidas, por suas vocações históricas, como disseminadoras dos primeiros parques: Campinas, Ribeirão Preto, São Carlos, São José dos Campos e São Paulo. Em cada uma dessas cidades, uma equipe já realizava estudos financiados pelo governo para a prospecção de temas em ciência e tecnologia, e de áreas para instalação de seus respectivos parques.

São Carlos mostrou-se um caso à parte. Nas primeiras reuniões com membros da equipe da Secretaria Estadual de Ciência e Tecnologia responsáveis pelo SPPT, uma equipe de consultores da empresa Science Parks Consultores Associados negociava a chancela do sistema para um parque tecnológico do grupo Encalso-Damha – empresa paulista do setor imobiliário e de engenharia pesada – a ser instalado nas proximidades de seu Parque Eco-Esportivo (complexo esportivo com condomínios residenciais privados). Após as primeiras reuniões gerais do SPPT, outro grupo – a Fundação ParqTec – mostrou-se interessado em também qualificar seu projeto como parte do SPPT.

Os representantes do SPPT optaram por uma solução política. Foi decidido que a Prefeitura Municipal de São Carlos intermediaria e coordenaria o processo na cidade. A mesma lançou então, um edital de chamamento público, para que empresas interessadas em participar do SPPT, pudessem ser julgadas e qualificadas. Um chamamento público não caracteriza concorrência, de forma que possíveis interessados não disputariam entre si a chancela do SPPT dando a São Carlos a possibilidade de contar com mais de um parque tecnológico no sistema paulista.

Desde então, os agentes políticos e técnicos do SPPT têm realizado reuniões periódicas com os dois grupos que atenderam ao chamamento público: grupo Encalso-Damha e Fundação ParqTec. Mas os projetos e políticas de divulgação dos grupos são bem distintos.

Dois parques tecnológicos para São Carlos?

Apesar de não ter definido o nome para o parque, o grupo Encalso-Damha já vinha trabalhando a ideia de instalar um parque tecnológico em São Carlos há algum tempo. O projeto iniciou-se, informalmente, com o desejo do fundador do grupo, Anwar Damha, de fazer uso diferenciado de uma área de aproximadamente um milhão de metros quadrados às margens da Rodovia SP-318 (que leva à Ribeirão Preto), no lado oposto do Parque Eco-Esportivo Damha. Inicialmente, a ideia era doar a área para a instalação do Campus 2 da USP. Mas pessoas próximas ao Sr. Anwar logo o convenceram de promover um projeto muito mais ambicioso: a criação de um parque tecnológico.

Iniciaram-se então as negociações políticas que culminaram com a assinatura de um protocolo de intenções entre o governo do estado e o grupo Encalso-Damha, apoiado pela prefeitura local, para a criação do parque. Desde então, o grupo tem trabalhado com a empresa Science Park Consultores Associados na estruturação administrativa de gestão imobiliária e físico-territorial de seu parque tecnológico. A empresa tem assessorado o grupo desde o final de 2005. O projeto é ambicioso. Envolve uma área total de um milhão de metros quadrados, com previsão de ocupação inicial de um módulo de cerca de 390 mil m^2, com quase 170 lotes industriais. Ainda é prevista uma estrutura central de funcionamento do parque com: *business center*, Instituto de Inovação de São Carlos (com laboratórios e instituições de pesquisa instalados), centro esportivo, brigada de incêndio, comunicações, segurança 24 horas, entre outras facilidades.

Até meados de 2009, o projeto ainda não saiu do papel, pois envolve uma engenharia administrativa muito elaborada para prever as responsabilidades de sua parte privada (na figura do grupo Encalso-Damha) e de suas instituições sem fins lucrativos (como uma entidade de ciência e tecnologia, responsável por conferir o diferencial de um parque tecnológico, comparado a um simples condomínio de empresas). Mas as negociações encontravam-se adiantadas com a superação de etapas importantes como:

1. Aprovação prévia de licença ambiental para instalação do parque tecnológico na área escolhida pelo grupo;
2. Adiantamento das discussões com o SPPT sobre o modelo de gestão a ser implementado no parque;
3. Discussão com as universidades (USP, UFSCar e UNESP) e Embrapa para formação de parcerias e participação efetiva dessas instituições no parque;
4. Finalização do projeto urbanístico-imobiliário (já apresentado à população)
5. E negociação com grupos e empresas nacionais e internacionais que desejam se instalar no parque.

Por outro lado, a Fundação ParqTec de São Carlos é considerada a primeira incubadora de base tecnológica do Brasil e tem méritos por iniciar vários processos na cidade que ajudaram a colocar São Carlos no cenário nacional de ciência, tecnologia e transferência tecnológica. O ParqTec tem, há mais de 10 anos, o projeto do São Carlos Science Park engavetado no gabinete de seu presidente, ex-professor Sílvio Goulart Rosa Jr. Uma bela maquete do parque já decorou os corredores da sede do ParqTec e, ainda lentamente, o projeto começa a ser implementado.

Em uma área de 164 mil m^2, doada pelo município e ao lado da fábrica de motores da Volkswagen do Brasil, o Science Park deverá ser inaugurado ainda este ano, com um edifício de 2.380 m^2 para empresas e serviços de apoio. Ainda está prevista a construção de um centro de convenções e um edifício multiusuários para empresas consolidadas. Em 2006, foram plantadas pela concessionária de estradas Centrovias 1.500 mudas de árvores nativas do cerrado na área do parque, cumprindo determinação do DEPRN (Departamento Estadual de Proteção de Recursos

Naturais). Outro mérito do ParqTec é a divulgação de seus feitos e projetos, conseguindo destaque na mídia local, ajudando a cidade a consolidar suas vocações científicas e tecnológicas.

O ParqTec também adianta-se nas discussões com os representantes do SPPT para a formação de seu parque tecnológico. A engenharia administrativa nesse caso complica-se na tentativa de compatibilizar os anseios do governo do estado, através do SPPT, em fomentar uma administração aberta, transparente e participativa, com a histórica estrutura hermética do ParqTec. Obviamente, esse fato parece não ser uma barreira intransponível, desde que os ajustes e acordos entre o ParqTec e o SPPT possam garantir transparência, participação e agilidade na estrutura do novo parque, que se beneficiaria com a administração e gestão rotativas.

Portanto, parece que tudo se encaminha para que São Carlos conte realmente, em poucos anos a partir de 2009, com a instalação de dois parques tecnológicos (desde que se estenda a definição clássica do termo aos dois projetos). Mas é preciso que fique claro que ambos os parques seguirão modelos distintos, sendo realizados por diferentes grupos de atores. O simples fato dessa disputa ocorrer, estimula os setores produtivos, de serviço, científicos e tecnológicos, e da própria gestão municipal, no sentido de promover ações para a estruturação desses empreendimentos e sua adequação ao espaço urbano e plano diretor da cidade. Como veremos a seguir, grande parte das exitosas realizações do poder público municipal nos últimos anos aproveita-se deste contexto favorável à discussão sobre as vocações tecnológicas da cidade, o que, em princípio, tornariam mais naturais as considerações sobre o futuro da cidade diante do avanço das tecnologias, em especial as TICs.

O SUCESSO DA GESTÃO MUNICIPAL
IMPULSIONADO PELAS CONDIÇÕES HISTÓRICAS

Existem vários estudos que apontam os potenciais de São Carlos como campo fértil do desenvolvimento científico e tecnológico por causa de suas universidades e centros de pesquisa. Da mesma forma, alguns trabalhos também apontam a dicotomia existente na cidade entre este avanço das instituições, por um lado, e os problemas urbanos, por outro, com pouca ou nenhuma interferência dos acadêmicos em questões do dia a dia da cidade. Por vezes, parece existir uma muralha invisível, apartando os desenvolvimentos científicos e tecnológicos da vida diária dos cidadãos são-carlenses.

> Na cidade da inteligência de São Carlos, quando o assunto é a realidade urbana, pouco ou quase nada se tem de "inteligente". Existe uma profunda carência de planejamento para o desenvolvimento da cidade, e os problemas do seu cotidiano em nada diferem dos de outras cidades médias do interior do estado. Problemas comuns, como o da desorganização da ocupação na cidade, fruto da especulação imobiliária, fazem-se notar com facilidade. (Firmino, 2000: 232)

Este fato parece ter começado a mudar a partir de 2001, quando a administração do prefeito Newton Lima Neto assumiu o poder local. Não à toa, o atual prefeito tem em seu currículo duas gestões como reitor da UFSCar, uma das universidades mais importantes do Brasil, além de carreira acadêmica como engenheiro químico, formado na própria UFSCar. Newton Lima Neto argumenta que uma de suas primeiras ações como prefeito foi tratar convênios com as universidades locais e nomear cientistas e professores para cargos administrativos da gestão municipal. Segundo o prefeito, este é um dos símbolos de sua gestão no tocante ao respeito dos potenciais da cidade, "capital da tecnologia".

> Meu segundo ato [como prefeito] foi exatamente o protocolo dessas assinaturas, às 9h da manhã com as instituições, para aproximar todos os sistematizadores de conhecimento (universidade e centros de pesquisa) do poder público. Isso gerou mais de 150 projetos de cooperação que têm sido mostrados e têm sido importantes para mostrar

para outras cidades do Brasil e do MERCOSUL como é possível não mais estigmatizar ciência e tecnologia como algo de fronteira e distante dos cidadãos comuns, mas aproximar e ajudar na gestão. (Lima Neto, 2007)

Logo na primeira equipe formada pelo prefeito (reeleito em 2004), nada menos que quatro pessoas do primeiro escalão do governo vinham da universidade: Carlos Alberto Ferreira Martins, secretário de governo e de coordenação de governo, do Departamento de Arquitetura da USP; Renato Anelli, secretário de Obras e Vias Públicas, também do Departamento de Arquitetura da USP; Ricardo Martucci, secretário de Habitação e Desenvolvimento Urbano, do mesmo departamento da USP; e Jurandyr Povinelli, diretor-geral do Serviço Autônomo e Água e Esgoto (SAAE), do Departamento de Hidráulica e Saneamento, ainda da mesma universidade.

Para citar breves e simples exemplos da relação quase direta desses nomes com ações importantes da gestão Newton Lima Neto, quatro de seus principais projetos foram, ao menos, iniciados por estes nomes ou sob as pastas de suas responsabilidades, como o Conselho Municipal de Segurança Pública, com diversas iniciativas premiadas no Brasil; a organização de um Sistema Integrado de Transportes com o uso de bilhetagem eletrônica e integração em movimento; o primeiro Plano Diretor aprovado na história da cidade; e a Estação de Tratamento de Esgoto concebida pelo Departamento de Hidráulica e Saneamento da USP e com capacidade para tratar 100% do esgoto gerado no município.

> Isso tudo só é possível porque nós quebramos a lógica ou o paradoxo de ser a capital da tecnologia, na medida em que havia um evidente divórcio entre gestão municipal e universidades. Com a nossa eleição em 2001, até pela experiência não só acadêmica, mas administrativa de gestor de uma das principais universidades do Brasil, o prefeito e sua equipe acabaram trazendo esse método de gestão

com as ferramentas mais modernas possíveis. (Lima Neto, 2007)

Não há dúvidas, mesmo entre os críticos e opositores da atual administração, que esta situação peculiar de proximidade entre a gestão municipal e as universidades trouxe benefícios para os projetos públicos. A cidade, assim como outras da região, tem em sua história recente exemplos de má administração e escândalos políticos, envolvendo casos de corrupção comprovada, do porte dos famosos casos da cidade vizinha de Ribeirão Bonito, conhecida em todo o país pela criação da ONG Amigos Associados de Ribeirão Bonito (AMARIBO), com o intuito de combater a corrupção.

> Num primeiro momento a nossa, a minha reação, era achar que aquilo era uma demonstração brutal de incompetência [sobre a desorganização administrativa da prefeitura em 2001], e com o tempo eu passei a considerar que essa avaliação inicial tinha certa ingenuidade. Na verdade, isso era expressão de uma competente engenharia política: as coisas estavam feitas exatamente para não serem imediatamente acessíveis. (Martins, 2006)

Por isso, a tentativa de se administrar a cidade com pessoas das universidade e pouca experiência com políticas públicas foi considerada arriscada e recebeu críticas no início do primeiro mandato, motivadas pela descrença nesse tipo de estratégia.

> Aliás, esse é um aspecto interessante: os setores conservadores da cidade apostaram tudo que "aquele bando de acadêmicos" ia "quebrar a cara" na administração municipal, falaram isso, verbalizaram isso; os órgãos de imprensa etc. disseram: "esse pessoal que vem da universidade não vai aguentar o dia a dia da administração pública". (Lima Neto, 2007)

Destaque no uso de TICs

Na verdade, um discurso insistente da administração, contestado pela oposição, é o de que o ano de 2001 representou um "divisor de águas" na história da gestão pública municipal em São Carlos. Desconsiderados os exageros e a subjetividade do discurso político de ambas as partes, as inúmeras obras na área de educação, saúde, desenvolvimento urbano e da própria gestão administrativa corroboram os argumentos da equipe do prefeito. Não está no escopo de desenvolvimento deste livro enumerar todas as obras públicas realizadas em São Carlos, e muito menos colocar a competência da administração política à prova contra os argumentos da oposição, mas sim tentar descrever um contexto político, social e cultural que ajudou construir a variedade de projetos envolvidos com as TICs na cidade, e as particularidades de sua abordagem do desenvolvimento urbano.

De fato, antes de 2001, a situação da prefeitura e dos órgãos públicos locais com relação ao preparo tecnológico deixava muito a desejar, com equipamentos escassos e obsoletos, sem qualquer tipo de integração entre as diversas unidades administrativas. Segundo Margarido (2001), grande parte dos equipamentos das unidades da prefeitura em 2001 eram alugados ou emprestados, com menos da metade dessas unidades conectadas à internet. Não havia também uma rede interna interligando as secretarias e departamentos, impossibilitando por completo qualquer tentativa de gestão integrada.

> Do ponto de vista de gestão, nós vivíamos na Idade da Pedra, uma coisa rigorosamente e propositalmente atrasada. Por que propositalmente atrasada? Porque quando você introduz a transparência e o veículo eletrônico com papel central como já dissemos, amplia-se o processo de domínio das informações da cidade pela população. Hoje, se a população quiser saber quanto a cidade deve, quanto arrecada, quanto gasta, ela até pode. Mas no ano 2000 ninguém tinha a menor ideia, era o prefeito e nada mais, nem

o presidente da câmara sabia do que se tratavam as contas públicas. (Lima Neto, 2007)

Hoje, diversas unidades utilizam seus próprios equipamentos, grande parte comprado através do Programa de Modernização Administrativa e Tributária (PMAT) do BNDES, recurso utilizado por diversos municípios brasileiros na tentativa de romper com o atraso informacional de suas prefeituras. Além disso, inúmeras iniciativas públicas em São Carlos estão relacionadas ao uso de TICs em sua concepção ou funcionamento. Pelo menos três grandes projetos podem ser citados como exemplos de reconhecimento nacional e internacional.

No setor de educação, a prefeitura equipou todas as suas EMEBs (Escolas Municipais de Ensino Básico) com um edifício complementar chamado Escola do Futuro. São anexos equipados com biblioteca, salas de leitura e estudo, salas de vídeo e salas de informática, onde os alunos das EMEBs recebem aulas de informática e internet. As Escolas do Futuro também atendem à população dos bairros, onde estão localizadas em horários alternativos aqueles utilizados pelos alunos.

As Escolas do Futuro são mantidas pela Fundação Educacional de São Carlos (FESC), que mantém, ao todo, quatro programas: a Universidade Aberta da Terceira Idade, Universidade Aberta do Trabalhador, o Programa de Inclusão Digital e a Escola Municipal de Governo. Assim como a prefeitura de uma maneira geral, a FESC também foi encontrada em situação precária, no ano da primeira posse da administração em 2001:

> Era [em 2001], assim, um cenário altamente significativo em termos de decadência em todos os aspectos, assim decadência físicas de instalações, pessoal muito desmotivado, pessoas até doentes, indícios e administração sem qualquer controle interno que poderia até gerar situações de corrupção, de desvio. Não se comprovou, mas as situações de descontrole eram significativas para se fazer qualquer coisa significativamente fora dos princípios da administração pública. (E. Martucci, 2007)

Fig. 8. Escola do Futuro. Fonte: Prefeitura Municipal de São Carlos.

Outro projeto que chama atenção, tendo sido reconhecido em pesquisas recentes e pela imprensa regional e do estado, é o Portal Municipal de São Carlos, com diversas informações e serviços disponíveis. Estudos recentes (Coelho, 2007) apontaram o portal de São Carlos como nível quatro de desenvolvimento, de cinco possíveis, quanto à disponibilidade de informações, disponibilidade de serviços, navegabilidade e nível de democracia eletrônica. A Fundação Getúlio Vargas realizou pesquisa semelhante, porém mais abrangente, e classificou o portal de São Carlos em segundo lugar entre mais de 600 casos analisados no país, ficando atrás apenas da cidade de São Paulo.

No portal de São Carlos pode-se encontrar serviços variados,

Fig. 9. Aulas de informática na Escola do Futuro.

como o da emissão da segunda via da conta de água, que exige a pesquisa a partir de uma base de dados que não é propriamente da prefeitura, mas de uma autarquia. Esse serviço integra eletronicamente, assim, diferentes níveis do organograma administrativo sem exigir, no entanto, que o usuário tenha conhecimento desse organograma. Há também a emissão de segunda via e extrato do IPTU, que exige consulta em base de dados das Secretarias de Habitação e Fazenda, promovendo alguma integração vertical e horizontal do organograma funcional e administrativo.

Uma ferramenta quase inédita no país, lançada recentemente, é o chamado Portal da Transparência, parte integrante do portal principal (chamado Portal do Cidadão), onde todas as contas da prefeitura são publicadas e atualizadas semanalmente. Essa iniciativa recebeu reconhecimento internacional em evento contra a corrupção realizado em Brasília (Seminário Brasil-Europa de Prevenção à Corrupção) e em reunião com municípios da União Européia membros da rede URB-AL, da qual São Carlos também faz parte. O URB-AL é um programa de cooperação descentralizada da Comissão Européia de intercâmbio entre cidades da União Européia e da América Latina.

Outra importante iniciativa, resultado de uma parceria com o Ministério da Ciência e Tecnologia (MCT) e a Rede Nacional de Pesquisa (RNP), é a instalação de uma anel de fibra ótica de

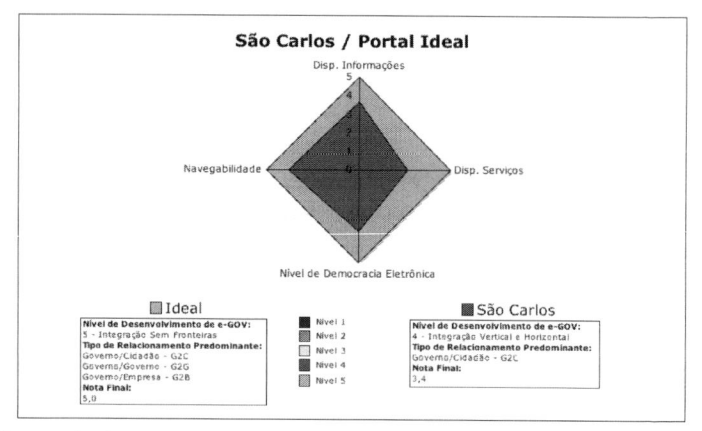

Fig. 10. Avaliação do portal municipal de São Carlos. Fonte: Coelho, 2007.

alta capacidade de banda, interligando todas as instituições de ensino e pesquisa de São Carlos a uma rede nacional formada pelas principais regiões metropolitanas do Brasil, chamada Rede Comunitária de Educação e Pesquisa (Redecomep). São Carlos é a única cidade da rede, até o momento, a não configurar região metropolitana, mas que irá integrar o projeto por seu potencial científico e tecnológico, com suas instituições de ensino e pesquisa.

Essa parceria entre MCT e prefeitura municipal representa também o arrojo da administração em fomentar o uso das TICs em situações de fortalecimento da já instalada capacidade de desenvolvimento científico e tecnológico. A prefeitura assumiu papel de liderança, junto às universidades, nas negociações para integrar a cidade à Redecomep, reconhecendo a importância desta infraestrutura para suas instituições de ensino e pesquisa. As etapas evoluem da seguinte forma:

1. Criação do comitê gestor;

2. Início da implantação;

3. Construção da rede;

CIDADE AMPLIADA 87

Fig. 11. Portal da Transparência: contas públicas abertas.

4. Aquisição de equipamentos e cabos ópticos;
5. Aceitação e teste dos serviços e equipamentos;
6. Implantação da rede lógica;
7. E interligação da rede ao *backbone* da RNP.

Por se tratar de projeto na esfera do governo federal, a importância desta iniciativa reside nas decisões estratégicas de se negociar a integração de São Carlos à rede, como perspectiva futura de aproveitamento da infraestrutura de alta capacidade pelas instituições instaladas na cidade. Trata-se, portanto, de uma rara articulação política com efeitos abrangentes e em longo prazo, configurando o que chamamos de ação estratégica de desenvolvimento urbano-tecnológico. Como veremos adiante, essa interessante iniciativa contrasta com situações da gestão local em que a falta de integração administrativa gera riscos de retrabalho, projetos desencontrados e de poucos impactos no planejamento urbano-tecnológico.

A GESTÃO DE TICS EM SÃO CARLOS
O PARADOXO INTEGRAÇÃO-FRAGMENTAÇÃO

Apesar de exemplar no desenvolvimento de projetos de autoria do poder público local relacionados ao uso e gestão das TICs, no caso da Redecomep, a estrutura e o processo de desenvolvimento desses projetos se dá de forma desestruturada, sem uma coordenação central específica, como visto no caso de Catanduva.

As duas cidades se assemelham em dois aspectos ligados aos órgãos nominalmente responsáveis pela gestão tecnológica e pela visão integradora da administração, mas se diferenciam quanto ao modo de operar essas unidades. A semelhança é apontada pela presença, nos dois casos, de um departamento responsável por TICs – em Catanduva, Departamento de Informática (DI), e em São Carlos, Departamento de Logística e Tecnologia da Informação (DLTI) – e pela presença de uma unidade de gestão integrativa da administração – em Catanduva, na informalidade do Núcleo de Gestão Estratégica (NGE), e, em São Carlos, na Secretaria Municipal de Planejamento e Gestão (SMPG).

No entanto, as estruturas se diferenciam. O DI de Catanduva ocupa quase um pavimento inteiro do edifício do Paço Municipal e detém respeitada autonomia na gestão e manutenção de seus projetos, muitas vezes transversais. O DLTI de São Carlos, apesar de mostrar-se competente e ter muitas responsabilidades (manutenção de equipamentos, gestão de *software*, treinamento de servidores, implantação de novos projetos etc.), conta com uma estrutura acanhada, tanto física quanto de pessoal, ocupando duas pequenas salas do edifício da prefeitura municipal.

Ambos os departamentos estão vinculados às secretarias de planejamento, com a importante diferença de a secretaria em Catanduva ter caráter de planejamento urbano, enquanto a de São

Carlos assume papel de planejamento administrativo e de gestão. Em Catanduva, essa atividade coube ao NGE, pelo menos informalmente, enquanto este existiu. Em São Carlos, as atividades de planejamento urbano são responsabilidade da Secretaria Municipal de Habitação e Desenvolvimento Urbano (SMHDU). A diferença reside na atuação entre o NGE de Catanduva e a SMPG de São Carlos, o que produz diferenças estratégicas no desenvolvimento urbano-tecnológico das duas cidades. Como descrito anteriormente, o NGE escolheu um projeto abrangente envolvendo a aplicação de TICs (Cidade Digital) em diversas áreas do município para implantar integração administrativa e ações de desenvolvimento socioeconômico.

A SMPG tem um trabalho interessante de acompanhamento das ações das diversas secretarias e divisões, mas não tem o foco específico no uso de TICs e o preparo dos setores da economia, política, cultura e espaço urbano para a absorção cada vez maior dessas tecnologias. Ainda assim, é relevante, para o presente contexto, uma breve descrição das ações de integração promovidas pela SMPG em São Carlos, por representarem um anseio de coordenação central, apesar da reconhecida fragmentação entre as secretarias e seus projetos.

A BUSCA POR INTEGRAÇÃO

No programa de governo do atual prefeito estavam especificadas mais de 70 metas, obras ou projetos. Durante o governo estas ações foram desdobradas em mais de 300 ações em diversas áreas, mas reunidas em três macroprioridades, definidas pelo próprio prefeito: atenção especial à criança e ao adolescente; melhoria da saúde pública; e o embelezamento e organização do espaço urbano. O acompanhamento de todas as metas ligadas a essas macroprioridades era realizado de duas maneiras.

A primeira era através da formação de três grupos de trabalho que se reuniam mensalmente com o prefeito: um relacionado à área social; um segundo sobre infraestrutura; e um terceiro grupo na área de pessoal e finanças. Além dessas reuniões temáticas, o secretariado também se reunia uma vez por mês. Nas reuniões temáticas sempre estavam presentes os representantes das secretarias de planejamento e gestão, de governo e de comunicação, pela peculiaridade de serem secretarias importantes no acompanhamento dos três grupos de trabalho. A segunda forma de acompanhamento das metas e ações governamentais era realizada pela própria SMPG através de um sistema informatizado desenvolvido localmente chamado Sistema de Acompanhamento de Ações e Projetos (SAOP), baseado na metodologia de planejamento estratégico conhecida como Planejamento Estratégico Situacional (PES). Segundo os assessores da SMPG responsáveis pela implantação desta metodologia, a grande vantagem seria a de poder lidar com incertezas e surpresas, no que eles chamam de um planejamento "tecnopolítico", em que quem planeja as ações é o governante e não apenas o setor de planejamento.

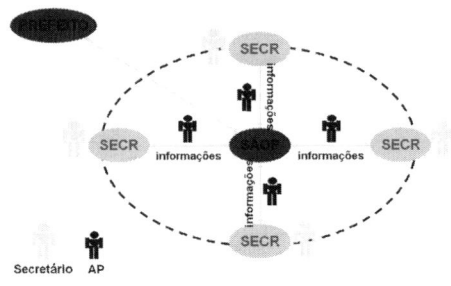

Fig. 12. Esquema de operação do SAOP. Fonte: Prefeitura Municipal de São Carlos.

Segundo a própria prefeitura municipal, o SAOP é uma sistemática, inspirada na metodologia PES, que:

> Estrutura nossos projetos em operações e fases, indicando o prazo crítico e o responsável para a realização de cada uma delas; registra e acompanha todas as operações e fases implicadas na consecução de cada projeto; cobra, junto a esses responsáveis, o cumprimento de cada operação ou fase prevista; emite relatórios gerenciais ao prefeito

e a toda equipe de governo. (Prefeitura Municipal de São Carlos, 2005)

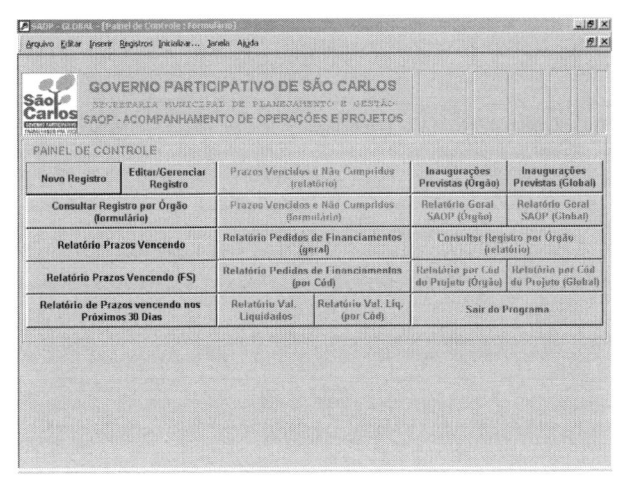

Fig. 13. Interface de acompanhamento do SAOP. Fonte: Prefeitura Municipal de São Carlos.

Assim, o SAOP caracteriza um interessante esforço de gestão e acompanhamento das informações sobre os projetos de autoria do poder público local e que mantém relação direta com as metas estabelecidas pelo prefeito. Esse sistema e as reuniões mensais temáticas e do secretariado representam grandes esforços de integração entre as diversas secretarias e departamentos da municipalidade, o que por si só merecem elogios. Mas pôde-se constatar que não bastam para evitar duplicidade de projetos e fragmentação administrativa entre as várias unidades. O projeto, ou os projetos, de informatização do sistema de gestão de processos da prefeitura e da SMHDU são exemplos marcantes nesse sentido.

Na rede URB-AL, São Carlos insere-se em três, de um total de quatorze temas presentes, sendo um deles (número 13) sobre "Cidade e Sociedade da Informação". As recentes discussões e reuniões entre os representantes das cidades-membro des-

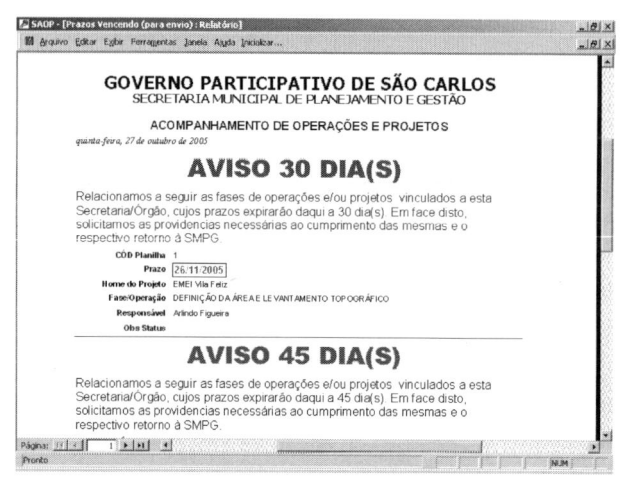

Fig. 14.. Sistema de acompanhamento de metas. Fonte: Prefeitura Municipal de São Carlos.

pertaram atenção especial do prefeito Newton Lima Neto para questões de governo eletrônico e modelos de gestão das TICs em municípios. Isso fez com que o Secretário de Fazenda, Gilberto Perre, alimentasse, com apoio irrestrito do prefeito, a possibilidade de melhoria na aplicação de ferramentas de governo eletrônico na cidade. Dentre elas, o secretário demonstrou especial interesse em um sistema de gerenciamento de processos da prefeitura, com a possibilidade de consulta externa pela população. Este sistema permitiria, por exemplo, ao cidadão, através de rápida consulta pela internet ou terminais de acesso, saber em que fase de análise ou execução encontra-se seu processo, através do número do protocolo gerado na abertura do mesmo.

Até então, não há nada de anormal no desejo da prefeitura em ter tal sistema funcionando. O incomum vem do fato da SMHDU trabalhar simultaneamente no desenvolvimento de sistema idêntico, tendo inclusive contratado empresa de informática, Aptor Consultoria e Desenvolvimento de Software Ltda., para levantar os fluxos de processo, diagnosticar os problemas processuais, sugerir soluções e informatizar todas as fases de tramitação. Quando informado sobre o projeto da SMHDU, Perre mostrou-se surpreso.

> Que você realmente tivesse um governo eletrônico, o que nós não temos, não temos um governo eletrônico, não temos nada. A gente tem trabalhos isolados. Então, de repente, a Secretaria lá da Criança e do Adolescente está plantando o sistema de informação deles também. Muitas das coisas que eles estão querendo demonstrar nós também queremos e sem nenhuma relação, contratamos separados, gastando dinheiro público. (da Paz, 2006)

Gestão da informação: estratégia para o desenvolvimento urbano

Assim, mesmo valioso na busca pela integração, o SAOP e os esforços da SMPG ainda não conseguem evitar situações como esta, onde projetos podem ser desenvolvidos em paralelo, sob a responsabilidade de mais de uma unidade ao mesmo tempo. É a típica situação do desenvolvimento de projetos em "silo", isto é, com orçamentos e responsabilidades "canalizadas" de maneira independente em uma secretaria ou departamento, sem qualquer coordenação central.

Cria-se, dessa forma, uma situação paradoxal no que diz respeito à integração. A SMPG desenvolve um interessante trabalho de acompanhamento de ações e projetos com uso de sistema informatizado, e o prefeito promove reuniões periódicas entre os secretários e diretores de departamento, na busca por uma integração, muitos servidores apontam certa fragmentação na gestão das informações internamente. O prefeito mostrou-se consciente dessa contradição:

> Essa contradição que você observou é real, estamos conscientes dela, mas temos procurado de alguma maneira diminuir essa contradição investindo cada vez mais nessa área, procurando montar várias redes. (Lima Neto, 2007)

O prefeito reconhece os dois principais tipos de abordagem no tocante à integração ou centralização na gestão das informações e das TICs e de tomadas de decisão:

> Tem dois jeitos de se fazer as coisas do ponto de vista de quem parte do zero: ou se cria um modelo centralizado e procura-se aplicá-lo, o que nós não seguimos, ou fazer do jeito que nós fizemos. Como você não tem um mecanismo concreto de financiamento para se fazer uma coisa como essa, era preciso buscar dinheiro onde fosse possível para suprir as dificuldades de financiamento nessa área. Então a situação é decorrente; os dois modelos podem ser úteis ou não [...] Nós optamos, não por uma decisão que eu tinha uma coisa ou a outra; claramente foi assim: vai pegando o dinheiro e vai fazendo, vai montando um PID [Programa de Inclusão Digital] aqui porque, de repente, no governo federal, vários ministérios resolveram colocar recursos para compra de computadores e instalação de postos e telecentros. Nós fomos pegando e fomos fazendo. (Lima Neto, 2007)

Além de contratar por iniciativa própria os serviços de informatização de seus processos, o Secretário Municipal de Habitação e Desenvolvimento Urbano, Ricardo Martucci, encontrou uma solução administrativa interessante para compensar a falta de um órgão coordenador de TICs e do uso e gestão dos fluxos de informação necessários a qualquer processo de tomada de decisão. Foi criado, em sua estrutura organizacional, o Departamento de Informação, Documentação e Patrimônio, para se juntar a outros dois departamentos: o de Planejamento Territorial e o de Obras Particulares.

Segundo o secretário, não há como planejar uma cidade ou organizar seu crescimento e espaços físicos sem uma gestão eficiente das informações e documentação do município. Este também pode ser considerado um dos primeiros passos na busca por uma estratégia integrada urbano-tecnológica, pois fornece ao planejador parâmetros para a consideração de impactos em curto, médio e longo prazos do uso de ferramentas tecnológicas no uso e organização do espaço urbano.

> As informações são geradas lá [SMHDU]. Eu que desaproprio, eu que faço toda a gestão da área, eu que indico se a licitação daquele equipamento público de uso coletivo está dentro do perímetro que possa atender a secretaria, essa ou aquela, e vocês me põem para fora da roda? Fico eu com a informação lá. (R. Martucci, 2006)

Segundo alguns entrevistados, um departamento como esse teria muita utilidade à prefeitura como um todo se fosse estruturado de maneira mais transversal e pudesse atender a um maior número de unidades da gestão local. Como sua criação foi fruto de uma iniciativa da própria SMHDU, as informações e documentações, geradas e organizadas pelo departamento de informação e documentação alimentam apenas esta secretaria, o que do ponto de vista do planejamento e desenvolvimento urbano já caracteriza grande conquista.

O secretário ainda teve problemas em tentar criar esse departamento sob o guarda-chuva de sua secretaria, confrontado por outros secretários e diretores sobre a utilidade de um departamento de informação na Secretaria de Habitação e Desenvolvimento Urbano, sob a alegação que sua criação aumentaria a estrutura do poder executivo municipal, onerando ainda mais os cofres públicos.

> Eu tenho informação aqui da mais alta qualidade e atualização que o prefeito não sabe. Por quê? Porque não está na rede. Entendeu? Não tem o sistema. Não está na rede e não tem o sistema que tinha que ser montado em 2002. Em 2001, não, porque nós estávamos começando a pensar em 2002. Foi uma briga muito grande montar um Departamento de Informação aqui. "Para que é que vocês querem um Departamento de Informação?" [...] A estrutura de pensamento das secretarias são muito retrógradas, não acompanham, entendeu? (R. Martucci, 2006)

Independente da situação individual das unidades do poder público municipal em São Carlos, pode-se dizer que pelo menos três aspectos mostram-se fundamentais na caracterização da abordagem urbano-tecnológica em São Carlos. O primeiro diz respeito à sua vocação para a educação e o desenvolvimento tecnológico. Como o exemplo dos parques tecnológicos nos mostra, essa situação peculiar é capaz de criar um clima de considerações políticas e estratégicas favoráveis ao planejamento da cidade com relação ao seu desenvolvimento urbano-tecnológico.

O segundo aspecto diz respeito ao arrojo da atual administração em apostar nos diversos campos de possibilidade do uso de TICs em projetos públicos e na própria gestão pública. Isso revela-se na administração pelo aproveitamento do potencial acadêmico da cidade pelo fato de ter como parte de seu corpo de secretários e diretores membros e ex-membros das universidades locais. A cidade passou a contar com uma interlocução entre sua realidade cotidiana de uma cidade média do interior paulista e o avanço das situações de fronteira enfrentadas e criadas no ambiente acadêmico das universidades e centros de pesquisa.

> Acho que implicou uma alteração da cidade pra agora e pro futuro [a presença de gestores capacitados, da universidade, na administração pública], futuro menos no sentido de desenho específico, da forma da cidade ou dos setores de crescimento [...] Eu acho que o trabalho foi técnico e politicamente bem conduzido e isso nos permite um bom diagnóstico para onde a cidade está crescendo; não que a prefeitura decidiu, ou está decidindo, se a cidade vai crescer pro nordeste ou pro leste. Mas, sobretudo, traduzindo um diagnóstico, por condições de disponibilidade de terra, por condições de distinções de investimentos dos agentes fundamentais no processo de crescimento etc. O que muda? O que muda é o estabelecimento de, primeiro, um diagnóstico preciso para ver pra onde a cidade cresce, e, a partir daí, estabelecer condições pra que ela cresça. (Martins, 2006)

O terceiro aspecto importante e marcante nessa construção social do desenvolvimento urbano-tecnológico de São Carlos é a paradoxal coexistência entre um grande esforço de integração entre as secretarias e departamentos do governo local, com as iniciativas desenvolvidas em paralelo, e apontamentos de fragmentação e desintegração em várias unidades do próprio executivo. Essa contradição é reconhecida pelo governo e destacada como uma de suas vulnerabilidades na busca por integração e coordenação central.

> Discutimos ontem na reunião mensal que faço com todos os secretários exatamente que essa é uma vulnerabilidade nossa. Precisamos caminhar para uma coordenação. Temos evidentemente um setor, ligado à Secretaria de Planejamento e Gestão que trabalha da maneira mais intensa com a Secretaria de Fazenda, mas ainda sem visão holística e integrada do governo como um todo. (Lima Neto, 2007)

FLEXIBILIDADE INTERPRETATIVA: VISÕES SOBRE AS TICS E O
DESENVOLVIMENTO URBANO EM
SÃO CARLOS

Assim como no caso de Catanduva, o fenômeno flexibilidade interpretativa é inevitável no processo de desenvolvimento e uso de novas tecnologias. As diferenças contextuais de um caso para outro residem na maneira com que as visões divergentes são traduzidas de um grupo social para outro, incorporadas e finalmente implementadas.

Em São Carlos, as peculiaridades de seu desenvolvimento urbano-tecnológico relacionam-se aos três aspectos destacados, isto é, à sua vocação científico-tecnológica, o consequente preparo de parte de seus administradores recentes, muitas vezes ligados às universidades ou centros de pesquisa, e à maneira dicotômica com que as políticas públicas são construídas no que tange a integração de suas unidades de gestão municipal. A mera existência de diferentes visões e problematizações nesses processos não é relevante, mas sim a maneira com que essas são negociadas no dia a dia da gestão local.

Em geral, e não somente em São Carlos (ou mesmo Catanduva), as manifestações físicas da influência das TICs no território urbano dificilmente são notadas pela população, servidores públicos ou mesmo pessoas diretamente ligadas à gestão do espaço, havendo ainda muitas incertezas no próprio significado da expressão tecnologias da informação e comunicação, sendo ainda mais difícil a percepção de um possível desenvolvimento urbano-tecnológico integrado. Obviamente, pessoas de diferentes áreas e departamentos apresentam distintas visões sobre as TICs e sua importância para a cidade. Essa variedade de interpretações não é necessariamente negativa, mas é preciso reconhecer a dificuldade dos grupos sociais dominantes, como atores responsáveis pelo desenho final de projetos e políticas públicas, em integrar e respeitar essa variedade interpretativa. Flexibilidade interpretativa é um fenômeno inerente a qualquer desenvolvimento tecnológico e pode ser usada em benefício das iniciativas públicas, dando-lhes um caráter democrático, desde que a diversidade de visões seja levada em consideração durante os processos de problematização, tradução e implementação.

Da mesma forma como no caso de Catanduva, em São Carlos, certas visões mostraram-se mais presentes durante as entrevistas e coletas de dados, vinculadas aos discursos dos principais atores sociais, com o destaque de pelo menos quatro aspectos dominantes:

1. O paradigma da gestão eficiente e da arrecadação municipal;

2. Atrasos da política local e o "renascimento" a partir de 2001;

3. A crença no mito da capital da tecnologia;

4. E os limites orçamentários para os projetos de TICs.

(1) Paradigma da gestão eficiente e da arrecadação municipal:

Será que tem que ser administrada como uma empresa? Eu acho que ela tem que ser administrada como uma rede com estabilidade como que é administrada uma empresa, nesse sentido eu até concordaria com isso, né!? Então, as questões relativas ao bom uso do dinheiro, combater corrupção, desperdício, certo!? Óbvio. Isso é uma coisa [...] Agora, ela como o seu objetivo não é visar o lucro, óbvio que as transações não necessariamente estão pautadas pelas mesmas prioridades, e aí há uma inversão de valores muito grande. O que é que sustenta a prefeitura criar um programa chamado Renda Mínima, a gente vai lá complementar a renda para a família que está... o que é que sustenta... qual é o objetivo nosso de alugar uma casa para poder abrigar mulheres vítimas de violência ou crianças abandonadas [...] desse ponto de vista, há uma inversão de valores que não dá para comparar. (Perre, 2006)

Então essa é uma primeira observação a fazer, se, entre 1988 e 2007, a arrecadação de impostos política e fiscal sofreu uma hipertrofia, ela não sofreu essa hipertrofia no âmbito municipal, e outra coisa pra ser claro é o seguinte [...] cresceram as atribuições legais pelos serviços sem ter crescido a arrecadação, eu diria que essa conta não fecha, o chamado pacto federativo brasileiro não existe, isso não fecha. (Martins, 2006)

(2) Atrasos da política local e o "renascimento" a partir de 2001:

De toda sorte, a cidade mantém um envolvimento com a tecnologia da informação talvez de maneira mais rápida e expressiva que a própria prefeitura, porque na prefeitura, é preciso insistir nisso, nós precisamos sair do zero, não tinha patamar nenhum sobre o qual podíamos nos assentar. (Lima Neto, 2007)

A cidade estava rigorosamente apartada disso [modernização tecnológica, TICs] enquanto seus equipamentos, sua vida, sua administração, e por isso minha visão é que [as TICs] são rigorosamente indispensáveis, porque isso tudo, da alfabetização digital às aplicações dos sistemas em rede, são ferramentas hoje ou diretrizes inescapáveis para o desenvolvimento adequado de qualquer sociedade da informação. Transformar São Carlos numa sociedade da informação é uma tarefa que nós começamos do zero [...] Quer porque nossas escolas não estavam dotadas ou nossas crianças não tinham esse instrumento extraordinário de informação acadêmica e escolar, quer porque não tinham acesso à rede, não tinham pontos de alfabetização digital, ou quer porque a gestão pública estava rigorosamente e completamente afastada, um *apartheid* com relação a isso. Os poucos sistemas e poucos computadores que tinham aqui nos órgãos da prefeitura não estavam em rede, era para utilização do setor, não haviam bancos de dados sistematizados, não havia na verdade nenhuma política pública que utilizasse as TICs". (Lima Neto, 2007)

(3) A crença no mito da capital da tecnologia:

Aconteceu que se criou um caldo de cultura aqui, de pressão interna da universidade e alguns professores e técnicos empreendedores, se dispuseram, de uma maneira ou de outra, não vou entrar no mérito das posturas ideológicas ou pessoais dos professores, mas eu acho que eles são fundamentais para que São Carlos passasse a ter a conotação que tem hoje como parque infindável de alta tecnologia. (R. Martucci, 2006)

O fato de São Carlos caracterizar-se como um grande centro de alta tecnologia tem impulsionado, progressivamente, as parcerias de pesquisa e desenvolvimento entre indústrias e instituições de ensino e, consequentemente, estimula a qualificação e capacitação profissional (1 doutor para cada 179 habitantes). Estimula ainda o nascimento de empresas de base tecnológica e a vinda de outras para o município. (Leal, 2007)

A presença de duas renomadas instituições públicas de ensino, bem como outras de ensino privado, além de duas unidades da Embrapa nos coloca na posição de possuir alta qualificação de mão de obra. Portanto, o município destaca-se por uma forte área acadêmica, o que possibilita inúmeras parcerias com a finalidade de transferência de conhecimentos científicos e tecnológicos às empresas locais. (Leal, 2007)

(4) E os limites orçamentários para os projetos de TICs:

Financeira, né!? Porque precisa de dinheiro para poder implementar, mesmo que tenha... que você vá economizar futuramente a gente com certeza tem aí um problema, tanto é que veio aí o PMAT. (Abrão, 2006)

O principal obstáculo que a gente tem aqui é o orçamentário. (Freitas Jr., 2007)

Acho que o grande limitador de qualquer secretaria é a questão orçamentária. Os municípios de hoje vivem situações de dificuldade. A legislação tributária não é uma legislação que favorece os municípios, e municípios como o nosso em que há uma carga de dívidas muito grandes. Eu acho que a grande restrição que cada secretário encontra nos seus projetos é a orçamentária. (Menezes, 2007)

Esses grupos temáticos representam, portanto, aspectos dominantes presentes na maioria das entrevistas, em respostas relacionadas ao uso das TICs na gestão municipal, à formação de políticas públicas locais, ao desenvolvimento de projetos e ações do governo em diversas áreas de atuação (educação, saúde, infraestrutura, transportes etc.), ao planejamento urbano e ao futuro da cidade e seu envolvimento com as TICs em longo prazo.

Similaridades e diferenças
em casos internacionais

Antuérpia –
Centralização, integração e
coordenação urbano-tecnológica

Já foi destacado o papel determinante das condicionantes locais e históricas para o desenvolvimento de qualquer espécie de situação envolvendo políticas públicas. As ações visando ao desenvolvimento tecnológico não são diferentes neste sentido. Existe também uma evidente mobilização de "transplante" de situações consideradas de sucesso para diversas realidades em outras partes do mundo. Essa replicação de iniciativas pode acontecer de maneira regional, nacional ou ainda, mais comumente, internacional. Segundo este aspecto, o caso de Antuérpia representa um símbolo por seu pioneirismo na adoção de uma política centralizadora e integrada, liderada por um modelo de agência semi-independente do poder público.

Mas tal pioneirismo não surgiu por acaso. Vários fatores culminaram no que hoje se denomina como estratégia integrada de desenvolvimento tecnológico. Parece, entretanto, que o mais evidente destes fatores foi a configuração política e sua reestruturação nos últimos 20 anos.

A particularidade deste caso se dá devido ao processo de "devolução" de poder às regiões belgas, iniciada pelo governo federal no final da década de 1970. Com isso, foi também aglutinada a maioria dos municípios com menos de 5 mil habitantes, onde o número de municípios do país foi reduzido de 2.359 para apenas 596. Usando o pretexto de seu tamanho já avantajado com relação às outras cidades belgas, as autoridades locais da Antuérpia conseguiram adiar sua aglutinação urbana até 1983. A cidade passou, então, a ser constituída por nove distritos que anteriormente eram municipalidades independentes. Sua população cresceu de cerca de 150 mil habitantes para cerca de 500 mil, praticamente da noite para o dia, devido à velocidade das decisões e ações políticas sobre o tema da descentralização.

Com esta nova configuração, a cidade decidiu estabelecer informalmente a criação de nove distritos administrativos que funcionariam como conselheiros para a administração central. Esta descentralização local em Antuérpia só foi formalmente aceita e oficializada pelo governo federal nas últimas eleições de 2000, onde os nove distritos foram diretamente eleitos e tiveram seus poderes, junto à administração central da cidade, relativamente aumentados.

A maior motivação para estas mudanças locais foi a tentativa de se criar um ambiente ainda mais democrático com a divisão em distritos e, com isso, diminuir o poder e sucesso do partido de extrema direita, Vlaams Blok, que de 1988 a 2002 aumentou sua porcentagem de votos recebidos de 17,7% para 33% do total. Os outros partidos viram-se na obrigação de organizar o que foi chamado *cordon sanitair* (Van Assche, 2002), uma aliança para arrecadar votos contra o partido de extrema direita.

Assim, tendo como objetivo principal a descentralização política local, as autoridades visualizaram que tal tarefa só seria possível com o auxílio de tecnologias avançadas de informação e comunicação, pelo fato de essas facilitarem a chamada administração remota, isto é, possibilitar uma maior integração e melhor comunicação entre as várias unidades da administração pública e os nove recém-criados distritos.

Dessa forma, uma série de medidas foram tomadas com relação às TICs, recebendo destaque a criação da rede municipal de fibra óptica – chamada MANAP (*Metropolitan Area Network for*

Antwerp) – e a fundação de Telepolis⁵ como uma agência em regime semi-independente da administração central da cidade. O regime semi-autônomo significa que, apesar de pública e só poder atuar em iniciativas de interesse público, Telepolis é livre para as negociações que envolvam TICs e para o estabelecimento de parcerias com o setor privado.

Estas duas ações talvez sejam os grandes fatores de sucesso da Antuérpia se comparada a outras cidades europeias e até do resto do mundo. São estas também as iniciativas mais replicadas por outras cidades, principalmente a constituição de uma agência pública central para os assuntos de TIC.

Assim, a reformulação política da Bélgica e, particularmente da Antuérpia, contribuíram decididamente para criação das bases da atual estratégia integrada de desenvolvimento das TICs, centralizada na agência Telepolis. A estrutura de hierarquia administrativa em que Telepolis se insere pode ser vista na figura 15, onde esta deve se reportar diretamente ao conselho da cidade (*city council*) e prestar serviços para seus três "clientes": a administração da cidade, o centro público para o bem-estar social e a autoridade do porto.

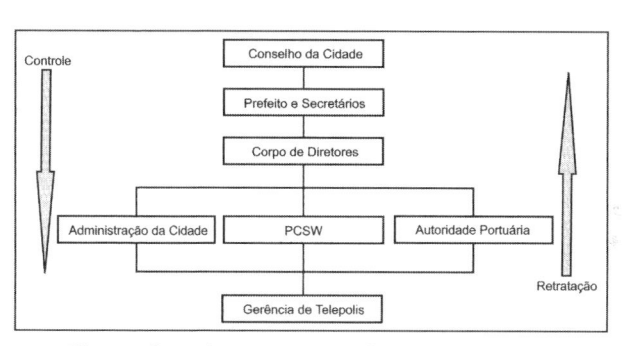

Fig. 15. Organização municipal segundo Telepolis.

---

⁵ Em outubro de 2003, a fusão de Telepolis com o Departamento de TI da cidade de Ghent fez surgir uma nova empresa pública chamada Digipolis. As duas maiores cidades da região dos Flandres uniram forças para a constituição de uma agência intermunicipal.

Telepolis caracteriza-se por ser um departamento público separado do contexto dos outros departamentos, pois possui mais autonomia em suas ações e decisões. Por este motivo, Telepolis é referida como agência municipal ao invés de departamento. Seu relacionamento deve ser, segundo seus princípios, homogêneo com todos os departamentos e distritos.

Assim, Telepolis funciona oficialmente e legalmente através de um acordo político com a administração da cidade. Esse acordo é revisto a cada seis anos, por ocasião das eleições e escolha de novos representantes para a cidade (apesar de formalmente revisto a cada seis anos, o acordo é monitorado todos os anos pelos conselheiros da cidade). Para o cumprimento desse acordo, Telepolis estabelece internamente suas metas através de um plano anual onde todos os projetos em andamento ou previstos são detalhados segundo suas execuções.

Esse plano anual, chamado plano operacional, deve corresponder exatamente às expectativas do acordo político ou, em caso de qualquer incompatibilidade, ser revisto. Representa a prova documental dos avanços conseguidos com a estratégia integrada, no sentido de um melhor envolvimento com as questões relativas às TICs pela cidade. Ele também representa a fusão entre políticas públicas tradicionais e políticas públicas voltadas ao desenvolvimento tecnológico. Em outras palavras, representa a realização (mesmo que parcialmente compreendida) do que se chama planejamento urbano-tecnológico.

Além de se mostrar decisiva para a reforma política (e indiretamente para a manutenção do *cordon sanitair*), a criação dessa estratégia altamente centralizadora e integrada mostra a relativa importância central representada pelas TICs para o poder local e para atores sociais que articularam a sua implementação e gestão. De acordo com Bruno Peeters (2001), antigo presidente de Telepolis e secretário municipal para descentralização e assuntos tecnológicos, "sem as TICs nós nunca teríamos conseguido fazer isso [a reforma política e administrativa]".

A principal vantagem da existência e atuação de Telepolis parece ser o avanço na integração geral na direção de políticas mais maduras e conscientes sobre as próprias TICs, como ferramentas técnicas ou sobre seus impactos como tecnologias, sendo construídas socialmente. Esse papel fundamental fica claro nas declarações de Philip Heylen (2002), diretor de Telepolis e conselheiro da cidade.

> Telepolis é a organização que conecta [os distritos] uns aos outros; que possibilita a administração dos diferentes distritos da maneira mais fácil possível, e que conecta os distritos com a administração da cidade e vice-versa.

Apesar dessa "missão maior" com relação à integração, inúmeros projetos pontuais são desenvolvidos por Telepolis para a cidade. Entre as principais iniciativas de Telepolis na Antuérpia, recebem destaque os seguintes projetos com impacto nas respectivas áreas:

Na área de educação, treinamento e cultura:

– VILA ou *virtual learning Antwerp*, um projeto de ensino e treinamento especificamente desenvolvido para atender os servidores municipais. Inclui treinamento via videoconferência, programas de auto-estudo em habilidades em TICs etc. A ideia central do projeto é a expansão dos serviços no futuro a professores do ensino fundamental e ao público geral.

– *Antwerpen.be Centre* (figura 16), trata-se de um edifício de apoio anexo ao edifício principal de Telepolis, com a finalidade de promover atividades relacionadas às TICs como treinamento gratuito, cibercafé público, espaço para reuniões, conferências e exposições etc. O centro é portanto um símbolo dos serviços prestados por Telepolis diretamente aos cidadãos de Antuérpia.

– TOMMI ou *tourist online multimedia information*, trata-se de um projeto não posto em prática até o momento mas, que, por este fato, representa a característica visionária de Telepolis e sua capacidade de visualizar impactos e projetos futuros. TOMMI, para ser implementado de maneira pública como quer Telepolis, prevê um maior desenvolvimento das tecnologias móveis. O projeto consiste em um aparelho móvel e pequeno (como um

Fig. 16. O Centro Antwerpen.be presta serviço a toda a comunidade.

PDA) que possa ser retirado ou alugado em centros de informação turística para a disponibilização de informações *on-line* e atualizadas das principais atrações turísticas e utilidades em geral. TOMMI ainda consistiria em um sistema personalizado de acordo com os interesses da pessoa que o estivesse utilizando (disponibilizando informações para adolescentes, crianças, adultos, idosos e assim por diante).

– *Digital patrimony*, onde todas as informações e documentações sobre artes e arquitetura da cidade estão sendo catalogadas e inseridas em uma base de dados única que já permite o acesso a certas obras por sistemas avançados de busca como o reconhecimento de fotografias.

Na área de planejamento e desenho urbano:

– Integração de SIG para o uso de todos os departamentos da cidade, através da rede municipal (MANAP). Desenvolvido por Telepolis em colaboração com o departamento de planejamento urbano, a principal meta é a disponibilização sem limites a todos os departamentos de acesso aos bancos de dados centrais da cidade de maneira integrada e interligada a mapas e catálogos geográficos.

– *Forum* (figura 17), trata-se de um sistema de consulta pública *on-line* onde projetos que envolvam grande polêmica com determinadas comunidades da cidade podem ser analisados, segundo a opinião pública direta sobre as opções propostas pelo departamento de planejamento.

Fig. 17. Forum, consulta pública sobre os projetos de impacto urbano.

Na área de administração pública e infraestrutura:

– *Electronic Office Counter*, onde a principal função é disponibilizar o atendimento aos cidadãos pela via eletrônica. Por exemplo, serviços básicos como certidões de nascimento ou óbito podem ser requeridos através do *site* da cidade na Internet.

– MANAP ou *metropolitan area network for Antwerp*, como dito anteriormente, trata-se de um dos projetos de sustentação de toda a estratégia local para o desenvolvimento tecnológico na Antuérpia. MANAP foi uma das primeiras e maiores redes de fibra óptica públicas da Europa. Promove a interligação de todos os departamentos municipais, universidades, hospitais e bibliotecas da cidade na transmissão de voz, dados e imagens.

Na área de acesso público às TICs e espaços públicos:

– Acesso público em bibliotecas, museus e escolas. As redes municipais de museus, escolas e bibliotecas estão todas conectadas à MANAP e oferecem a oportunidade aos cidadãos da Antuérpia acesso gratuito à internet e ao aprendizado e treinamento em TICs. Nas bibliotecas e escolas o acesso se dá pelos próprios computadores dos estabelecimentos, nos museus, normalmente pilares de informação (espécie de quiosques para uso interno com informações sobre a cidade).

– *Customer service centres*, funcionam como uma extensão dos serviços públicos e do atendimento ao cidadão em pontos estratégicos da cidade e, principalmente, nas "sedes distritais" (*district houses*). Eses centros são, de certa forma, a materialização da descentralização política e administrativa da cidade, ambição maior da administração central com a criação e manutenção de Telepolis.

– *Multimedia kiosks* são quiosques para uso externo, nas ruas e em espaços públicos, que disponibilizam informações gerais e específicas sobre a cidade, eventos, locais de interesse público e turístico, além de comunicação direta e imediata com servidores públicos para consultas, atendimentos ou reclamações.

Cabe lembrar, antes da descrição do caso de Newcastle, que os projetos apresentados aqui são exemplos e não representam toda gama de iniciativas desenvolvidas por Telepolis para a cidade da Antuérpia. Tratam-se, sem dúvida, dos exemplos de maior destaque, mas que não limitam o total dos projetos envolvidos na estratégia de desenvolvimento tecnológico como um todo.

Newcastle upon Tyne –
Fragmentação e dispersão na gestão das TICs

Assim como Antuérpia, Catanduva e São Carlos, e outros casos que envolvem a absorção de determinados aparatos pela sociedade – neste caso o conjunto de tecnologias que forma as TICs –, a cidade de Newcastle é também fortemente influenciada por condicionantes locais e históricos. Neste caso, a fragmentação com relação às políticas e à estratégia para as TICs é marcante e imperativa. Apesar de apresentar uma busca constante de unidade e integração, a estrutura política e a relativamente baixa relevância das TICs nas políticas públicas locais tornam o processo mais lento de ser implementado.

A maioria das iniciativas e projetos vêm, na última década, sendo abordados como fatores de mudança da imagem da cidade e da região. Newcastle, à beira do rio Tyne, assim como a maioria das cidades vizinhas, é marcada pela força de suas indústrias de base, como a indústria naval e a mineração de carvão do princípio e metade do século XX. A economia local ficou fortemente dependente das indústrias pesadas e, com seu declínio nas últimas décadas, vem perdendo a sua importância regional, nacional e internacional, sendo fonte constante de um aumento significativo nos índices de desemprego na região nordeste da Inglaterra.

Há, com isso, uma corrida pela atração de empresas de alta tecnologia e do setor de serviços para essa região. As tecnologias da informação e comunicação são vistas como fundamentais para aumentar a competitividade local nesta corrida pela indústria leve e de alta tecnologia. Esta tem sido uma constante não somente em Newcastle, mas em todas as cidades e regiões que sofrem com a dependência econômica de indústrias decadentes. Existe ainda um agravante no Reino Unido, que é a dependência política dos governos locais com relação ao governo central. O sistema político britânico se baseia numa forte centralização das decisões gerais no governo central, em Londres. As principais diretrizes e fundos são invariavelmente ditados pelo escritório situado no número 10 em Downing Street (sede do governo central em Londres). Cabe aos governos locais a gestão dos fundos e estabelecimento de projetos locais para o cumprimento das metas estabelecidas em nível nacional.

Com tudo isso, em Newcastle, a maioria dos projetos locais tende a ter um escopo em políticas de regeneração urbana em bairros ribeirinhos (antes ocupados pela indústria naval ou carvoeira), no centro da cidade, ou em subúrbios com comunidades carentes. TICs se resumem a projetos e iniciativas pontuais e normalmente secundários.

O maior projeto local que acaba por englobar a maioria das iniciativas secundárias, inclusive as relacionadas às TICs, chama-se *Going for Growth*, com a meta principal na regeneração e no crescimento e desenvolvimento da economia urbana para os próximos 25 anos. Além da regeneração de áreas degradadas pelo declínio industrial, esse projeto visa também a substituição da base industrial da cidade, transformando Newcastle em um atrativo de empresas de alta tecnologia e empresas do setor de serviço (como *call centres*).

As TICs estão presentes em várias frentes de *Going for Growth*, mas em nenhum momento ocupa posição de destaque ou são vistas como estrategicamente fundamentais para o futuro da cidade e região (aquele que não seja puramente econômico). O desenvolvimento tecnológico local apresenta-se portanto disperso pelos diferentes departamentos da administração pública e fragmentado pelas diversas iniciativas comandadas pelo projeto de regeneração urbana.

Newcastle não apresenta nenhuma agência ou departamento dedicado à reflexão dos impactos das novas tecnologias no cotidiano da vida urbana ou como regulador e coordenador da implementação destas tecnologias. O que na verdade se assemelha a isto e se aproxima do conceito de regulação é um painel, chamado *E-services Panel* – formado por conselheiros da cidade e diretores de departamentos –, para a discussão e aprovação de projetos ligados às TICs. Entretanto, as análises deste painel parecem se concentrar mais em fatores econômicos que sociais, culturais ou mesmo espaciais, sendo que este mesmo painel acaba por depender de prioridades definidas por outros departamentos na estrutura organizacional da cidade (figura 18).

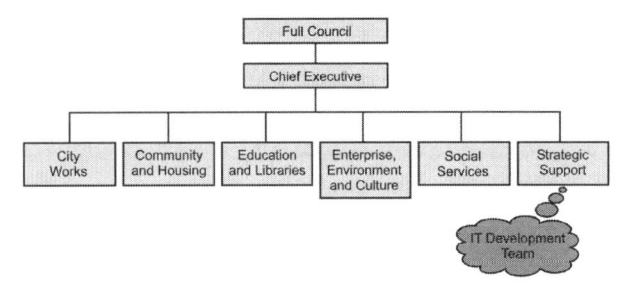

Fig. 18. Estrutura administrativa de Newcastle.

A estrutura administrativa da cidade é definida como "em silos", onde os recursos e metas são distribuídos verticalmente entre os departamentos e divisões. Dessa forma, não há, por exemplo, um orçamento estabelecido para as TICs. Cada um dos seis departamentos apresentam diferentes projetos ligados à implementação de novas tecnologias e estes têm, portanto, seus orçamentos atrelados ao orçamento de um departamento específico. O chamado IT *Development Team* se encarrega de implantar a modernização da administração como um todo, o que corresponde a apenas uma pequena parte do que vem a ser uma estratégia de políticas para o desenvolvimento tecnológico, ou mesmo da própria Cidade Digital. Como já mencionado, a iniciativa *Going for Growth* tem características mais integradoras – por envolver projetos de diferentes departamentos – do que qualquer iniciativa diretamente relacionada às TICs.

Karen Brown (2002), ligada à iniciativa chamada *Virtual Newcastle*, declara literalmente a ausência de um corpo público dedicado às TICs e aponta para a contradição da estrutura em "silos":

> Eu penso que a noção de uma organização procurando os melhores usos dos recursos [relacionados às TICs] não existe em Newcastle. Isto pode ser causado ou estar ligado à organização política das autoridades locais no Reino Unido e à estrutura de silo com relação aos fundos.

A imagem da cidade e o futuro desenho de sua economia apresentam, assim, alta relevância em tudo o que é realizado no campo das novas tecnologias. Esta nova imagem a ser estabelecida está diretamente ligada à tendência das cidades que baseiam sua economia, em parte, nas empresas de alta tecnologias e também com grande ênfase na indústria do lazer, turismo e cultura.

À época, inúmeras obras vinham sendo realizadas na cidade pela competição nacional para o representante britânico da capital europeia da cultura de 2008. Newcastle e sua vizinha do outro lado do rio Tyne, Gateshead (competindo conjuntamente), estavam sendo cotadas como favoritas pelo porte de seus projetos e pelo envolvimento da comunidade local. Certamente este evento representaria um impulso a mais para o desenvolvimento tecnológico e cultural da cidade e região. Entretanto, no início de junho de 2003, Liverpool foi anunciada pelo governo britânico como o representante do Reino Unido.

Os principais projetos envolvendo as TICs apresentam-se dispersos pelos seis departamentos, influenciando as seguintes áreas com suas respectivas iniciativas de destaque:

Na área de educação, treinamento e cultura:

– Treinamento em TICs e acesso através das escolas e bibliotecas públicas. As bibliotecas e escolas públicas oferecem cursos subsidiados pelo governo, gratuitamente, para os cidadãos. Além dos cursos de reciclagem profissional (como são chamados), as bibliotecas oferecem acesso gratuito à internet. Há um sentimento de responsabilidade muito grande das autoridades locais em aproximar os trabalhadores das TICs, com a intenção de recolocar o antigo trabalhador das indústrias pesadas num mercado mais qualificado.

– *Use* IT@*Centres*, um programa de incentivo ao acesso e treinamento nos centros comunitários de cada região da cidade. Existem mais de 90 centros que disponibilizam computadores com acesso à internet, sendo que em alguns casos há o treinamento em TICs.

Na área de desenvolvimento econômico:

– *Competitive Newcastle* e *Newcastle.com*. *Competitive Newcastle* é uma iniciativa abertamente focada na atração de novos investimento à cidade. *Newcastle.com* foi desenvolvido como substituto da primeira iniciativa, com o objetivo de fornecer mais informações com um nome mais apropriado às suas ambições. Estas iniciativas não são mais que a disponibilização na Internet de informações de terrenos e áreas onde o investimento externo é bem-vindo. É possível obter informações detalhadas sobre as áreas dos sítios estratégicos.

Na área de administração pública e infraestrutura:

– *e-government*. Para alcançar os objetivos e metas estabelecidas pelo governo central – que determinava que 100% dos serviços públicos do país deveriam estar disponíveis *on-line* até 2005 –, Newcastle reviu seus projetos e através de um acordo local estabeleceu que os serviços públicos oferecidos pela administração pública em Newcastle deveriam estar *on-line* até o final de 2004. Este era o projeto ou iniciativa ligada às TICs de maior destaque e que recebe maior incentivo e propaganda por parte dos servidores públicos e políticos locais. Um documento chamado *Implementing electronic government* foi redigido para estabelecer estes compromissos locais. O chamado *IT development team*, interno à estrutura da administração, tem como principal função tornar estas metas realidade e implementar a modernização do conselho da cidade o mais rápido e eficientemente possível. A figura 19 mostra a preocupação dessa unidade em mapear o envolvimento do conselho com as novas tecnologias com a finalidade de desenvolver e implantar a modernização em todas as áreas.

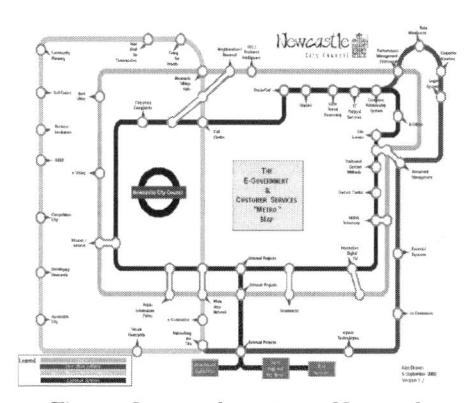

Fig. 19. O mapa das TICs em Newcastle.

– Modernização do conselho da cidade. Faz parte da iniciativa maior de governo eletrônico descrita acima. É entretanto a parte de maior destaque, envolvendo grande empenho de todos os departamentos. O envolvimento da iniciativa privada foi considerado e, inclusive, uma licitação foi iniciada. O conselho decidiu mais tarde realizar a modernização com recursos e ações internas ao poder público sem o envolvimento do setor privado.

– *Smart Card*, projeto piloto tendo como o nordeste, em especial Newcastle, o principal foco de atenção e ação. O projeto tem como finalidade o uso de cartões com microships para o crédito em merendas escolares, controle bibliotecário, presença nas aulas, prêmios escolares, acesso a centros esportivos e transporte público em uma fase inicial envolvendo mais de 10.000 crianças do ensino básico.

Na área de acesso público às TICs e espaços públicos:

– Acesso público em bibliotecas e escolas. Além de oferecer treinamento, estas instituições públicas oferecem também o acesso gratuito à Internet e redes de procura de emprego e cursos. O acesso funciona como um cibercafé público. Como descrito anteriormente, os centros comunitários também representam importantes pontos de acesso através do programa *use* IT@*centres*.

– *Customer service centres*. Apresentam uma central junto ao edifício do conselho da cidade (chamado de *Civic Centre*) e outras unidades menores em fase de implantação em outros pontos da cidade. As tecnologias da informação e comunicação, além de permitirem o acesso e funcionamento remoto das unidades menores nos bairros, permitem também uma maior agilidade dos próprios servidores públicos no atendimento ao cidadão. Dentre os serviços oferecidos, destacam-se: salas para entrevistas privadas, facilidades para deficientes físicos e audiovisuais, sistema eletrônico de filas e atendimento, acesso telefônico gratuito aos escritórios de servidores, diretores e conselheiros, informações de empregos e pontos de informação eletrônicos.

– *Multimedia ou info-kiosks* (projeto *i-plus*, figura 20). A primeira implantação do projeto se deu na forma de apenas quatro quiosques, sendo considerado um relativo fracasso pela incapacidade do parceiro privado na manutenção das máquinas e programas. Na segunda tentativa, a cidade recorreu a um modelo de sucesso de uma empresa especializada no ramo que já atende outras cidades do Reino Unido. O plano inicial era de cerca de 40 quiosques espalhados por pontos centrais e de relevância turística da cidade, assim como em bairros afastados possibilitando inclusive acesso a serviços bancários. O modelo, em termos de desenho arquitetônico e padrão tecnológico, é o mesmo aplicado nas outras cidades com alteração do programa e informações providas localmente. O projeto é tido como sucesso parcial (pela recente implementação), sendo que a cidade de Newcastle em parceria com a empresa provedora do quiosque e outras autoridades da região pretendia lançar o projeto em nível regional com interatividade e conectividade entre as unidades de cada cidade. A interface do programa oferece tanto informações como a possibilidade de comunicação com os conselheiros ou uso de correio eletrônico de 500 caracteres.

Fig. 20. A estrutura e o desenho do quiosque em Newcastle.

Finalmente, estes representam apenas alguns dos projetos de

maior destaque relacionando certas políticas e estratégias do poder público com relação à aplicação das TICs. Newcastle figura como exemplo de uma abordagem totalmente fragmentada e dispersa na organização e estrutura de sua administração, resultado da estrutura política do país, em que as autoridades locais e regionais detêm pouca autonomia no desenvolvimento de seus próprios projetos.

Parte III

Conclusão
A cidade ampliada e o planejamento urbano

A construção sociotécnica do desenvolvimento urbano-tecnológico

A seguir, a indicação e discussão das principais características, similaridades, diferenças, dilemas e barreiras destas quatro abordagens de casos brasileiros e europeus. Apesar de contrastantes, as quatro estratégias apresentam características muito similares presentes nos discursos de seus atores (autoridades, servidores, políticos e diretores), natureza dos projetos e modelos estratégicos para o uso e emprego das TICs, em diversos setores da administração pública, podendo ser agrupadas segundo suas visões da gestão das TICs e da informação.

A busca por integração com estrutura de gestão da informação fragmentada — São Carlos e Newcastle

É possível encontrar similaridades na estrutura das abordagens urbano-tecnológicas em cidades imersas em diferentes contextos nacionais e internacionais, tão diferentes quanto América Latina e Europa, ou como Brasil e Reino Unido. Deixando de lado os contrastes mais profundos, é possível afirmar que a maneira que as cidades de São Carlos (Brasil) e Newcastle (Reino Unido) encontraram para implementar os projetos relacionados às TICs, em suas agendas urbanas guardam significativa semelhança, principalmente, considerando que os dois casos não possuem uma unidade ou divisão especificamente dedicada a essa tarefa.

Newcastle é uma cidade caracterizada pela luta das autoridades locais, agências de desenvolvimento e pela população contra os índices de desemprego e queda da qualidade de vida que afetam toda a região nordeste do país. Em tempos recentes, como na maioria das cidades da região, a economia em Newcastle foi dominada pela indústria pesada, especialmente pelas atividades de mineração e construção de embarcações. Essa dependência da economia local pela indústria pesada teve grande influência na imagem da cidade e na confiança dos cidadãos na habilidade das autoridades em reverter a crise econômica regional seguida pelo declínio industrial. Newcastle entrou com estusiasmo nas disputas por vantagens competitivas para atração de pessoas e empresas para se instalarem na região, com ênfase especial no incentivo à atração de empresas limpas e de base tecnológica. A recente história de Newcastle tem sido impulsionada por esse aspecto de reconstrução de sua imagem, o que é refletido na maneira com que as TICs são incorporadas no desenvolvimento urbano, com a clara tendência atual para projetos de regeneração urbana.

As tentativas constantes de se reconstruir a imagem da cidade caracteriza claramente os discursos de regeneração urbana ou renascimento urbano, que, por sua vez, se torna uma forte motivação para a implementação de iniciativas ligadas às TICs. A renovação vem da premissa de desenvolvimento econômico de que Newcastle deve se livrar da imagem de uma antiga cidade industrial, deprimente e com baixa qualidade de vida, e substituí-la pela imagem de uma nova cidade do século XXI.

Tentativas de se atribuir determinadas imagens às cidades, seguindo alguns paradigmas de desenvolvimento econômico, como centro de negócios, polos educacionais, centros tecnológicos de excelência, regiões tecnológicas têm sido imperativas para cidades no mundo todo. Enquanto as autoridades locais em Newcastle tentam reconstruir uma imagem atrás da outra (de cidade da mineração e indústrias pesadas para cidade do entretenimento nos anos 1970-1980, e agora como centro da cultura e tecnologia), a jovem cidade de São Carlos (com cerca de 150 anos) já tem uma tradição de meio século de ser caracterizada como a capital brasileira da tecnologia. São Carlos é de fato conhecida por abrigar campi de duas das principais universidades do Brasil (USP e UFSCar) e outros centros de pesquisa importantes (como a Embrapa). Isso explica estatísticas que apontam de um pesquisador-doutor para cada 179 pessoas vivendo na cidade, em uma população de pouco mais de 200 mil habitantes. Autoridades ainda argumentam que a cidade deverá receber dois parques tecnológicos. A ideia de divulgar a cidade como a capital da tecnologia surgiu com força na década de 1980, com a criação da primeira incubadora de empresas de base tecnológica do Brasil. As autoridades locais têm adotado esta imagem desde então.

Os discursos da regeneração urbana na Inglaterra surgiram com força total, também, nos anos 1980 e 1990, como esforços para "reconstrução" de centros urbanos e rearranjo de economias locais. As ideias presentes nas propostas de regeneração urbana trouxeram um sentimento profundo de renovação ao país. Como o avanço das TICs, a convergência de mídias e o desenvolvimento de outras novas tecnologias, essa vontade parece também ter sido renovada. As TICs são grandes motivadoras para projetos de regeneração urbana, assim como para tentativas de se construir a imagem de uma cidade praticamente do zero (o que se aproxima mais do caso de São Carlos), e podem ser usadas como vetores de mudança em economias locais. O uso "propagandístico" das TICs é evidente em grande parte dos discursos e percepções dos principais atores locais em ambos os casos, como visões atreladas ao desenvolvimento urbano.

As TICs têm sido a "sensação do momento" para várias cidades ao redor do mundo; assim, não resta opção às autoridades em Newcastle e São Carlos senão adotar um discurso "pró-tecnológico". É, portanto, natural que as TICs figurem como peças centrais de um jogo de aclamação local, muitas vezes seguido do imperativo da cidade-empresa ou da necessidade de "limpeza" da máquina administrativa.

Em Newcastle, este ímpeto avança sob o guarda-chuva da iniciativa *Going for Growth* (algo como "a caminho do crescimento"). Ideias de renovação, renascimento e regeneração são exatamente o que está na base dessa estratégia de 25 anos. As TICs são uma pequena parte da estratégia e os projetos ligados a essas tecnologias estão pulverizados em várias iniciativas e unidades do governo local. Esses projetos e visões estão também refletidos na maneira fragmentada com que o governo local implementa as TICs através de suas seis secretarias. Com exceção de grandes projetos transversais como o *Going for Growth*, em geral, os projetos são definidos e geridos isoladamente em cada secretaria ou departamento. Projetos relacionados às TICs não são diferentes. Isso significa que grande parte dos projetos são desenvolvidos sem atenção para interação mútua das unidades administrativas.

Como pode ser observado na tentativa de gerar uma visão abrangente e integrada do desenvolvimento de projetos envolvidos com as TICs, o governo local implementou o *E-services Panel*. Entretanto, as análises e deliberações desse "conselho" tendem a seguir fatores de ordem econômica e ignorar outros aspectos como sociais, culturais ou espaciais. Enfim, esse conselho torna-se dependente de prioridades geradas em outros departamentos, e amarrado novamente pela própria estrutura administrativa.

São Carlos, como a maioria das cidades do Brasil, mantém uma lista longa de secretarias e departamentos em sua estrutura administrativa, bem como: Secretaria de Agricultura, de Saúde, de Educação, da Fazenda, de Esportes e Lazer, de Desenvolvimento Sustentável, de Planejamento e Gestão, de Habitação e Desenvolvimento Urbano, e assim por diante. São, no total, 16 unidades de primeiro escalão e, apesar de todos os esforços para coordenação central, cada unidade mantém seus próprios projetos que, dependendo da relevância geral para a administração, podem ou não ser integrados.

Ficou claro que a maior tentativa de coordenação e integração na cidade é o programa que se alimenta de reuniões periódicas do secretariado e dos grupos de trabalho, de um lado, e de um sistema informatizado de acompanhamento de ações e projetos, de outro (SAOP), o que se assemelha, de alguma forma, às ações do *E-service Panel* em Newcastle, com a diferença de que em São Carlos o acompanhamento não é exclusivamente centrado nas TICs. Ainda assim a cidade mantém sua unidade tecnológica (DLTE), responsável pela construção técnica da maioria das iniciativas ligadas às TICs, entretanto sem gozar de autoridade para o planejamento de ações mais abrangentes e transversais.

Isso não quer dizer que as autoridades em São Carlos não estejam cientes da importância das TICs para a governança e para o planejamento, mas apenas que as ações são implementadas de maneira fragmentada ou pulverizada, o que, por sua vez, tende a diminuir a abrangência das iniciativas para solucionar os problemas mais complexos da cidade. O exemplo mais claro veio da existência do Departamento de Informação, Documentação e Patrimônio que, em vez de figurar como unidade central na estrutura da administração como um todo, está parcialmente isolado como anexo da SMHDU.

Em ambos os casos, de São Carlos e Newcastle, a estrutura administrativa da cidade segue o modelo de distribuição em silos, de maneira que os recursos e projetos são verticalmente distribuídos entre as várias secretarias e departamentos. Não há em ambos os casos um orçamento global especificamente orientado às TICs.

A recente história da abordagem das TICs e sua simbologia como vantagem competitiva na atração de investimentos aponta para uma continuidade do uso dessas tecnologias como parte de estratégias orientadas para os negócios e as atividades empresariais. Se essa tendência confirmar-se, tanto São Carlos como Newcastle correm o risco de transferir atenção sobrevalorizada à competição ferrenha entre centros urbanos na tentativa de caracterizarem-se como centros industriais e de negócios.

Coordenação centralizada de estratégias urbano-tecnológicas –
Catanduva e Antuérpia

Antuérpia é uma das maiores cidades da Bélgica, com um quarto da população flamenga e está estrategicamente posicionada em um dos cantos do "diamante flamengo", no norte do país. Apesar de sua importância econômica para a região do Flandres e para a Bélgica, a cidade tornou-se também sinônimo europeu de inovação e de sucesso no uso das TICs, sendo um dos membros fundadores da mesa diretora do consórcio de cidades TeleCities. Trata-se, sem dúvidas, do caso mais avançado na Bélgica, ao fazer uso extensivo das TICs na administração pública e no desenvolvimento urbano. As autoridades locais na Antuérpia consideram e, para isso, criaram a agência Telepolis, responsável pela coordenação, uso e implementação de iniciativas ligadas às TICs na cidade e região, pela modernização do governo local, pela manutenção da infraestrutura e contratos de TICs e pela elaboração de políticas públicas e ações específicas de desenvolvimento urbano-tecnológico (Firmino, 2004).

Catanduva, apesar de não representar nenhum destaque econômico e estar cercada por cidades maiores e mais importantes no estado de São Paulo, é bem situada no coração do estado mais desenvolvido do país, fazendo parte de uma importante rede de mais de 50 cidades médias bem desenvolvidas e estruturadas para os padrões latino-americanos. Talvez exatamente por seu tamanho reduzido, a cidade tenha recebido atenção da mídia nos últimos três anos como caso de sucesso na implementação de iniciativas relacionadas ao governo eletrônico, inclusão digital, integração administrativa, rede sem fios pública e outros projetos semelhantes. Mesmo em uma proporção menor e sem a mesma força dos resultados das políticas abrangentes da Antuérpia, as autoridades locais de Catanduva delegaram certos poderes ao DI, parte da Secretaria de Planejamento e Informática, para criar e disseminar suas próprias iniciativas transversais envolvendo as TICs.

Na Antuérpia, o inovador desenvolvimento de iniciativas de TICs – particularmente infraestrutura – foi altamente influenciado pela reestruturação política e administrativa dos governos locais na Bélgica. O processo de devolução regional do começo dos anos 1980 acionou uma intensa introdução das TICs nos processos da administração urbana, pela necessidade de se administrar a fusão de nove localidades na formação da atual cidade da Antuérpia. Com essa fusão, a estratégia política adotada pelas autoridades locais foi o de descentralização dos serviços públicos em nove distritos ou subprefeituras, o que também contribuiu para diluir o crescente poder local do partido de extrema direita, *Vlaams Blok*.

O arrojo das autoridades em Catanduva veio de uma situação muito mais peculiar no final do ano de 2004, quando o, então, recém-eleito prefeito decidiu formar um pequeno grupo de assessores especiais, que viria a compor o NGE, e que teria a tarefa de conceber uma estratégia de quatro anos de governo, promovendo integração e eficiência da agenda de ações do governo municipal. Através da criação do projeto "guarda-chuva" Catanduva Cidade Digital, era lançada uma série de iniciativas relacionadas às TICs e dirigidas a diferentes objetivos específicos, transformando as tecnologias em meios para atingi-los, ao invés de fins em si mesmas.

As TICs serviram também como instrumento integrador na Antuérpia devido à sua capacidade de melhorar a comunicação entre os diversos departamentos da cidade e suas subprefeituras. Telepolis pode ser considerada o resultado físico e institucional do processo de evolução da abordagem urbano-tecnológica na Antuérpia, o que dá à cidade um diferencial em termos de estratégia. Trata-se de um caso único de uma forte e independente unidade de governo criada especificamente para lidar com as questões relativas às TICs.

Independentemente dos resultados específicos e da idade das iniciativas nos dois casos, Telepolis, na Antuérpia, de um lado, e o DI com seu projeto de Cidade Digital em Catanduva, de outro, formam a espinha central de uma estrutura coordenada para planejar e gerir uma estratégia de longo prazo para o desenvolvimento urbano-tecnológico nessas duas cidades. Assim, tanto na Antuérpia como em Catanduva, alguns grupos sociais relevantes visualizaram as funções e capacidades das TICs como meios de possibilitar, respectivamente, as reformas políticas, na Bélgica, e a oportunidade de integrar e fortalecer, localmente, uma estrutura política muito fragmentada, no Brasil. Portanto, nos dois casos, grandes esforços foram e continuam sendo feitos na tentativa de se estabelecer uma estratégia urbano-tecnológica sólida e integrada, apesar dos cenários regionais e nacionais totalmente contrastantes.

A CONSTRUÇÃO SOCIOTÉCNICA DO DESENVOLVIMENTO URBANO-TECNOLÓGICO – UMA ANÁLISE COMPARATIVA

Pelo menos três fatores são extremamente fundamentais na influência à estrutura sociotécnica de estratégias urbano-tecnológicas, precisam ser levados em consideração na observação e análise dos papéis do planejamento e desenvolvimento urbano para o futuro das cidades: a relevância da flexibilidade interpretativa; o poder de um contexto particular; e a forma da abordagem urbano-tecnológica.

Negociando visões: a importância da flexibilidade interpretativa

Flexibilidade interpretativa representa um dos mais influentes dilemas enfrentados pelas autoridades locais na medida em que tentam desenvolver estratégias de desenvolvimento urbano-tecnológico (Firmino, 2004). Enquanto uma pluralidade de visões talvez seja benéfica para uma construção democrática das iniciativas, ao mesmo tempo, mostra-se difícil a tarefa de lidar com elas e traduzi-las em uma estratégia integrada. Ademais, é importante lembrar que o processo de formação dessas estratégias é um complexo fenômeno social e político, envolvendo inúmeras partes e variáveis. A ampla variedade de visões sobre iniciativas ligadas às TICs por diferentes setores do desenvolvimento de políticas públicas é crucial na definição das abordagens locais.

Podemos observar contradições interessantes nos casos de Newcastle e São Carlos, de um lado, e Antuérpia e Catanduva, de outro. Enquanto os aspectos dominantes nos discursos dos atores principais nas quatro cidades apresentam grandes semelhanças no seu conjunto (o que define as principais tendências de aplicação das TICs), com divergências interpretativas e discursos proeminentes para ações de regeneração urbana e modernização administrativa; por outro lado, as estruturas em que as iniciativas são desenvolvidas desde os estágios iniciais de negociação, as diferenças entre estes dois grupos de cidades são bem marcantes. Fragmentação e dispersão das iniciativas dominam a cena em Newcastle e São Carlos, enquanto em Antuérpia e Catanduva prevalece uma abordagem mais integrada e centralmente coordenada. Nos primeiros dois casos, os projetos são geralmente concebidos, planejados, financiados, implementados e mantidos independentemente em termos das unidades internas da municipalidade. Isso significa que um departamento pode desenvolver um projeto ligado às TICs sem integrar-se com outra unidade da administração. Dependendo da natureza do projeto, interações eventualmente acontecem, mas apenas quando a unidade de origem do projeto necessitar de um relacionamento mais próximo com outras unidades. Na Antuérpia e em Catanduva, tal interação acontece quase de maneira compulsória, já que Telepolis e o DI lideram quase 100% das iniciativas relacionadas com as TICs, na direção de uma integração de visões. Há, assim, uma tendência de todas as iniciativas de TICs em desenvolver-se de acordo com os interesses de atores dentre os servidores públicos, autoridades e diretores e funcionários das unidades dedicadas às TICs.

Não significando que toda e qualquer visão e expectativa será integralmente considerada, a abordagem integrada das cidades de Antuérpia e Catanduva parece apresentar melhores condições de lidar com a flexibilidade interpretativa, se comparada às estruturas fragmentadas de Newcastle e São Carlos. Isso também não significa que projetos e iniciativas desenvolvidos em uma cidade será mais exitoso que em outra: essas diferenças em termos de projetos também dependem da maneira com que são individualmente desenvolvidos e implementados. Uma implicação alternativa, ou um lado negativo para casos com forte coordenação central, é o risco de esta centralidade suprimir a saudável multiplicidade de visões com uma postura "autoritária" de implementação de iniciativas.

Considerando abordagem e estratégia para os quatro casos, dois claros padrões se sobressaem. Primeiro, na maneira fragmentada de desenvolvimento de ações públicas, visões para uma iniciativa específica são consideradas em uma pequena escala de impacto, isto é, restrita a poucas unidades da administração. Interpretações representando unidades diferentes tendem a não colidirem em seus caminhos até tornarem-se ações ou políticas públicas. Elas são canalizadas desde os primeiros momentos nas unidades de origem até a transformação em ações e implementação, geralmente pela mesma unidade. Assim, a partir do momento em que um projeto é definido por certa unidade responsável por sua implementação, a tendência é a de que este não seja influenciado pelas visões de outras unidades, devido à pouca integração entre elas. Segundo, seguindo o modelo de coordenação centralizada, demandas e ideias para novas iniciativas tendem a ser a responsabilidade somente das unidades dedicadas às TICs. O governo municipal e os outros departamentos precisam reportar-se a estas unidades em caso de certas demandas específicas ou problemas relacionados às TICs. As unidades dedicadas irão então, através de seus técnicos e diretores, estudar os casos e promover novos desenvolvimentos.

Portanto, a flexibilidade interpretativa apresenta-se como um claro desafio para governos municipais no desenvolvimento de estratégias urbano-tecnológicas (assim como qualquer outro tipo de política pública). De acordo com os casos estudados, a consideração à diversidade de visões para TICs é capaz de produzir resultados diferentes em termos da maneira com que as ações são estruturadas e colocadas em prática. O que não significa dizer que altos níveis de flexibilidade interpretativa irão obstruir tentativas de desenvolvimento de iniciativas ligadas às TICs. Entretanto, desde a perspectiva de uma estratégia integrada, flexibilidade interpretativa é um importante dilema. Para o estímulo à integração interna de governos municipais, para o desenvolvimento urbano-tecnológico, a variedade de visões e interpretações deveria ser incorporada em uma única estratégia abrangente.

A IMPORTÂNCIA DE UM CONTEXTO ESPECÍFICO

Outro importante fator de influência e, segundo os entrevistados, diretamente envolvido com a forma das estratégias públicas, é o contexto regional e nacional das quatro cidades. Isso torna um estudo de cruzamentos nacionais mais complicados, mas valioso pelas análises e possibilidades de comparação.

De um lado, o sistema político e de gestão britânico, e de outro os sistemas belga e brasileiro, representam, grosso modo, dois grupos opostos de sistemas políticos em termos de centralização e descentralização do poder, ou, em outras palavras, em termos de autonomia delegada às autoridades locais.

O sistema britânico é altamente centralizado, com a participação do governo central na definição de metas, políticas e os principais financiamentos a serem distribuídos. Com a finalidade de manter um fluxo contínuo de investimentos do governo central – que representa quase a totalidade dos recursos –, autoridades locais não têm opção senão seguir as estritas diretrizes determinadas por *Downing Street* (sede do governo britânico em Londres). Pouca flexibilidade é permitida, resultando no fato de as autoridades locais funcionarem mais como representantes diretos do governo central, exercitando pouca autonomia. Os governos municipais e suas estratégias são fortemente amarrados ao que o poder central em Londres julgar melhor para suas localidades.

Apesar das diferenças significativas entre o Brasil – uma federação de 26 estados e um distrito federal, com a divisão de poderes entre as esferas federal, estadual e municipal – e a Bélgica – também uma federação em três esferas de poder, mas com divisões entre os governos federal, regional e linguístico –, ambos os casos compartilham o fato de suas regiões e municipalidades exercitarem mais autonomia na decisão sobre suas ações mais importantes, especialmente no que diz respeito ao desenvolvimento urbano-tecnológico. Na Bélgica, por exemplo, a cidade de Antuérpia tem sido autônoma o suficiente – mesmo no contexto da região de Flandres – para decidir sobre sua própria configuração territorial, administrativa e política, com pouca interferência dos níveis mais altos de governo. Os sistemas de planejamento na Bélgica e no Flandres permitem os governos municipais decidirem sobre suas metas e políticas públicas desde que haja compatibilidade com as diretrizes genéricas para cada unidade territorial e para o país. Os casos brasileiros não são muito diferentes disso, dado que as ações municipais não se opõem às constituições estaduais e federal.

Resumindo, os níveis mais altos de governo no Brasil e na Bélgica tendem a não interferir nos meios pelos quais as autoridades municipais usam as TICs e perseguem suas metas, desde que em concordância com os planos estratégicos regionais e nacionais. Obviamente, essas diferenças entre os três países são muito importantes e influenciam na criação e gestão de estratégias urbanas, tendo que ser levadas em consideração, independentemente das semelhanças entre as ações e projetos específicos.

Iniciativas semelhantes, abordagens distintas

Com relação às abordagens e às estratégias adotadas por Newcastle, São Carlos, Antuérpia e Catanduva, é evidente o fato de essas cidades terem desenvolvido e continuar desenvolvendo projetos muito semelhantes, pelo menos quando vistos isoladamente. Esses projetos incluem quiosques de rua, acesso à internet e computadores em espaços públicos, esquemas de inclusão digital através de cursos subsidiados, modernização das estruturas administrativas e de gestão, unidade dedicada às TICs, e assim por diante. Mesmo quando não acontecendo de maneira semelhante nos quatro casos, é possível encontrar projetos similares em grupos de pelo menos duas das cidades analisadas.

Entretanto, olhar as iniciativas isoladamente não é suficiente para a compreensão da abordagem de cada cidade, o que pode se conseguir mais facilmente observando-se a maneira com que os governos municipais dessas cidades trabalham a integração de suas ações e lidam com a multiplicidade de visões, problematizações e buscas por soluções. A observação desde este ponto de vista revela diferenças marcantes entre os dois grupos de cidades descritos acima (de ações dispersas ou integradas) e a contradição presente em ambos.

Mas o que se mostra ainda mais marcante em termos da estrutura geral do desenvolvimento urbano-tecnológico é que a combinação de contextos políticos locais com a ausência ou presença de integração, e ainda, a visão particular de grupos sociais em cada caso, em combinação, produziram basicamente quatro tipos diferentes de ações e atitudes com relação ao uso de TICs nas cidades. Isso parece corroborar o argumento que integração, apesar de ser importante como facilitador de políticas públicas, sozinha não garante o sucesso ou a forma final de uma estratégia de desenvolvimento urbano-tecnológico. No final, isso dependerá de uma miríade de fatores que juntos formam o que chamamos de construção sociotécnica do desenvolvimento urbano-tecnológico.

Assim, primeiramente, uma estrutura política fortemente centralizada no nível de decisões nacional no Reino Unido, juntamente com uma estrutura local de desenvolvimento de projetos e distribuição de recursos extremamente fragmentada e dispersa em Newcastle, resulta em uma vaga, de fato, quase imperceptível, estratégia urbano-tecnológica, caracterizada mais nas atitudes de reação e de defesa.

Segundo, em São Carlos, ao aproveitar de uma autonomia relativa em suas decisões no contexto político brasileiro e apresentar um modo disperso de desenvolvimento de ações e projetos, o governo municipal tem conseguido produzir casos extremamente interessantes de uso de TICs em iniciativas urbano-tecnológicas e para modernizar a administração pública, partindo quase do zero. Isso ocorre, principalmente, em função de um grupo privilegiado de visionários trabalhando no governo municipal, a começar por seu prefeito, a maioria deles aberta a novas ideias e ao planejamento de estratégias de longo prazo.

Terceiro, no mesmo contexto político nacional de São Carlos, com uma abordagem centralmente coordenada no uso de TICs como parte da agenda de questões urbanas – contando com o DI e o abrangente projeto Cidade Digital –, o governo municipal em Catanduva ultrapassou vários problemas na tentativa de colocar em prática vários de seus projetos, devido a barreiras que vão desde limitações orçamentárias a disputas políticas internas e externas. Cedo ou tarde, muitas das iniciativas acabam por vir à tona, apesar de nem sempre acontecerem como foram inicialmente e centralmente planejadas pelo DI.

Quarto, apesar de estar inserida em um contexto político nacional e regional descentralizado e complexo na Bélgica, com diferentes níveis de poder territorial, cultural e linguísticos, uma estrutura altamente integrada e centralizada na figura da agência Telepolis define a estratégia de coordenação de projetos ligados às TICs e gestão de políticas públicas urbanas na Antuérpia. A consequência é uma abordagem integrada com uma atitude pró-ativa do governo municipal e da agência de TICs.

Finalmente, é evidente que essas quatro cidades representam casos exemplares de duas maneiras distintas de abordagem e compreensão das TICs como parte da agenda das questões urbanas (dispersas em Newcastle e São Carlos, e integradas na Antuérpia e em Catanduva). Esses casos também representam quatro maneiras diferentes pelas quais se dá a construção social das TICs urbanas ou a absorção e estabilização de um grupo de tecnologia da informação e comunicação no nível político local, vis-à-vis a estrutura social existente, os sistemas políticos e administrativos, a base econômica local, as condições históricas e circunstanciais e as interpretações e aspirações de atores-chave com relação a estes aspectos.

Planejando a cidade do futuro

Dentre as tantas incertezas que rondam os impactos das TIC sobre o espaço urbano, parece estar claro pelo menos uma questão: que diante do processo natural de evolução e atualização das cidades, o espaço contemporâneo já não é o mesmo que caracterizou as cidades industriais e o modernismo do final do século XIX e grande parte do século XX. Existem novos elementos que se comportam de maneira diferenciada. A "distância", grande limitador e fator decisivo na organização espacial, já não representa uma barreira em vários setores de atividade contemporânea (principalmente o econômico).

Como consequência, parece estar claro também que o espaço e a organização do território não podem continuar a ser interpretados e modificados conforme conceitos e métodos visivelmente defasados, desenvolvidos para a cidade industrial.

Ao longo deste livro, foram discutidos e apresentados uma combinação de críticas e conceitos destinados a uma nova interpretação da cidade contemporânea. Eles ainda se encontram imaturos, longe de apresentarem propostas concretas de intervenção sobre o espaço urbano. Porém, já há um grupo consistente de teorias pelas quais podemos desenvolver a difícil tarefa de reinterpretar o espaço e de redefinir nossa maneira de intervir nas cidades. Fazem parte dessas ideias as noções de arquitetura recombinante e de um espaço simbiótico e cibernético que mistura elementos físicos e virtuais, materiais e imateriais, na caracterização das atividades contemporâneas da sociedade urbana, bem como a visão de um conjunto de políticas para o que chamamos de desenvolvimento urbano-tecnológico.

Essas novas características não vêm substituir os elementos tradicionais do espaço, mas adicionar novas dimensões de interações físicas e virtuais e complementar as esferas de relações sociais, culturais, políticas, econômicas e territoriais na sociedade contemporânea. Assim, a cidade virtual é vista apenas como mais um agente na formação do espaço urbano na cidade informacional de Castells (1989). A transformação do espaço tem sido parte inerente da história urbana. Agora, entretanto, transformação parece não ser o único fator relevante, já que existe a possibilidade para um espaço público aumentado que não está limitado às dimensões físicas e materiais.

Neste sentido, parece ser uma tendência aceitável e uma necessidade do ponto de vista do planejamento e da arquitetura o desenvolvimento e valorização de conceitos e métodos que priorizem uma integração entre o desenvolvimento do espaço e o desenvolvimento tecnológico, isto é, estratégias de desenvolvimento urbano-tecnológico.

Com relação aos estudos de caso, como base de comparação de quatro cidades em três diferentes cenários nacionais, é interessante notar a similaridade entre elas com relação aos projetos individuais e alguns dos aspectos dominantes na visão e nos discursos de seus principais atores. Apesar dessas semelhanças, as estratégias gerais adotadas por seus respectivos governos locais revelaram-se bem distintas. Fragmentação, de um lado, e integração de outro, formam os resultados de relações e combinação de elementos complexos, como, por exemplo, o contexto político e administrativo de cada caso. Outra influência marcante foi a das circunstâncias históricas em que cada caso se desenvolveu. As motivações iniciais dos grupos sociais de cada caso também se mostraram relevantes.

O diferencial mais interessante entre as maneiras com que essas abordagens evoluíram para iniciativas e ações parece residir no modo com que diferentes interpretações, visões e expectativas são arranjadas e geridas pelas autoridades locais. A incorporação delas em uma visão única (ou não), a integração delas (ou não), parece ser o fator de maior relevância na elaboração de estratégias urbano-tecnológicas. Flexibilidade interpretativa e estratégias urbano-tecnológicas nesses casos mostraram estar relacionadas à natureza das interpretações e processos envolvidos com a gestão de tais interpretações.

Estudos recentes (Graham and Dominy, 1991; Spectre, 2002a 2002b; Aurigi, 2005; Firmino, 2005) apontam que poucas cidades têm considerado de maneira consciente o relacionamento entre o desenvolvimento urbano e as TICs. Entretanto, a relação entre o planejamento e as questões do desenvolvimento urbanotecnológico não configura algo novo ou desconhecido, pelo menos do ponto de vista da construção social das tecnologias. Cidades e tecnologias já foram tratadas como parte de um fenômeno sociotécnico por Aibar e Bijker (1997) em uma abordagem muito particular e diferente.

Nesse trabalho, eles abordam uma estrutura única de construção social das tecnologias para explicar os planos rivais para a extensão da área urbana de Barcelona no século XIX, o chamado Example. *Constructing a City: The Cerdà Plan for the extension of Barcelona* é um trabalho particularmente interessante na medida em que analisa o planejamento urbano pelas lentes socioconstrutivistas. Segundo Aibar e Bijker, o assunto da interligação entre cidades e tecnologias começou a atrair atenção de estudiosos urbanos em 1979 com um número especial do periódico *Journal of Urban History*. A primeira visão deste fenômeno não poderia ser outra senão uma dominada pelo determinismo tecnológico ou, como afirmam Aibar e Bijker:

> Pesquisadores estudaram o papel de tecnologias como iluminação em vias urbanas, esgoto, e telégrafo, no processo de expansão geográfica de cidades e da suburbanização. A tecnologia era analisada como uma força que configura a sociedade e as cidades, mas suas próprias características e desenvolvimento eram tratados sem problematização ou ainda como autônomos. (Aibar & Bijker, 1997: 5)

Pesquisadores estudaram o papel de tecnologias como a iluminação das ruas, o esgoto, do telégrafo nos processos de expansão geográfica de cidades e de suburbanizações. Tecnologia foi analisada como uma força que molda sociedades e cidades, mas seu próprio caráter e desenvolvimento foram vistos antes como não problemáticos e até mesmo autônomos.

Ao considerar a abordagem de urbanistas e autoridades municipais com relação às TICs em uma perspectiva histórica, os autores encontraram evidências de uma dissociação entre as esferas social, econômica, espacial e tecnológica. O espaço era comumente visto como um container asséptico de atividades sociais e a tecnologia considerada como de pouca ou nenhuma influência sobre os processos sociais deste espaço. O espaço era raramente considerado por urbanistas e autoridades locais como um evento social em si próprio, inter-relacionado com todos os outros aspectos da sociedade; tampouco eram as tecnologias vistas como produto de articulações sociais. Isso criou uma lacuna metodológica e conceitual no desenvolvimento das tecnologias nas cidades.

De acordo com Graham e Marvin (1996), o rápido desenvolvimento das TICs complicou ainda mais o relacionamento entre o planejamento e as tecnologias por causa de sua invisibilidade, rápida evolução e novidade em termos de aplicações e consequências para as organizações sociais e territoriais.

Nos casos estudados de Newcastle, São Carlos, Antuérpia e Catanduva, essas dificuldades de compreensão, ao menos superficial, das relações complexas envolvidas com o desenvolvimento de tecnologias para cidades, comprometem potencialmente futuras ações para o uso estratégico desses desenvolvimentos como parte das questões urbanas e da agenda urbana. No caso mais proeminente, apesar de as condições particulares e históricas terem contribuído para a geração de uma visão estratégica dos desenvolvimentos tecnológicos na Antuérpia, a cidade ainda deixa escapar um componente urbano e espacial ao não incorporar o planejamento urbano com o uso e aplicação das TICs. Em Catanduva, o DI é parte da Secretaria de Planejamento e Informática, mas como ambas as partes não se inter-relacionam, as práticas tradicionais de planejamento continuam sendo utilizadas com pouca ou nenhuma integração com as questões de TICs.

No sentido de contribuir com a possibilidade de implementação deste modelo estratégico urbano e de TICs que faz uso da integração e centralização, mas também com a finalidade de provocar uma absorção social ainda maior quanto ao desenvolvimento de políticas de TICs em nível local, seria importante deixar como um dos legados deste livro uma pequena lista de pontos a se considerar no planejamento da cidade do futuro:

1. Em primeiro lugar, é importante a extensa promoção de discussões e debates tanto interna quanto externamente à administração pública, possivelmente envolvendo as comunidades locais, para que se garanta um mínimo de compreensão sobre os diversos aspectos dos impactos das TICs na vida urbana cotidiana. Deve-se evitar, e, na verdade superar, as limitações de visões baseadas no determinismo tecnológico. Acima de tudo, esta situação de preparo e discussão pode preparar um ambiente mais receptivo a mudanças e certamente mais maduro com relação à introdução dos novos paradigmas da cidade digital e da sociedade em rede;

2. Os efeitos, impactos e conceitos relacionados à introdução das novas tecnologias devem ser tratados e compreendidos segundo sua importância estratégica e estrutural, ao invés de imediata e conjetural;

3. Todos os aspectos desta construção social das tecnologias da informação e comunicação devem ser considerados sem parcialidade, sendo estes econômicos, políticos, sociais, culturais, espaciais, ou estéticos;

4. Um corpo ou agência pública pode ser criado, respeitando certos níveis de autonomia e independência, com a finalidade de inspecionar e coordenar a implementação das estratégias de desenvolvimento tecnológico e suas iniciativas e projetos inerentes;

5. Altos níveis de integração e sinergia entre os departamentos da administração pública (com relativa importância

para o departamento de planejamento) e a agência dedicada às TICs, são fundamentais para o sucesso da estratégia;

6. Deve-se diferenciar claramente as áreas de impacto de cada projeto, iniciativa ou política, com o intuito de se aumentar a visibilidade da estratégia, assim como tornar mais claros e eficientes os objetivos, resultados e benefícios específicos;

7. Um eventual grupo de trabalho ou pesquisa interno à "agência tecnológica" pode dar maior autonomia à estratégia com relação às recomendações referentes aos impactos e projetos a médio e longo prazo;

8. Auditorias e sistemas de avaliação envolvendo os principais atores urbanos devem ser criados para o controle público da agência e suas estratégias de desenvolvimento tecnológico local.

Posfácio, por Azael Rangel Camargo

Neste texto, pretendo fazer a contextualização ao livro e situar seu desenvolvimento. Para tal apresento recortes e destaques do contexto no qual a pesquisa que o originou foi desenvolvida. Como contexto explicito, enquanto supervisor da pesquisa, os elementos teórico-metodológicos condutores das pesquisas realizadas, e as relações do orientador com os orientandos, no âmbito do grupo de pesquisas e-urb – urbanização virtual e serviços urbanos telemáticos. Os trabalhos de pesquisa do doutor Rodrigo Firmino foram realizados como bolsista de pós-doutorado da Universidade de São Paulo, durante o período de 2004 a 2007, financiado pela FAPESP e pelo CNPq/e-urb.

Gostaria de iniciar com um breve relato histórico das minhas atividades de pesquisa com Rodrigo Firmino.

Nossa primeira interação ocorreu no final dos anos 90, dentro do Programa de Mestrado em Arquitetura e Urbanismo da EESC/USP, momento em que orientei sua pesquisa de mestrado, financiada pela FAPESP, sobre "espaços inteligentes". Ao final da pesquisa pude observar a segurança e a objetividade com que Rodrigo Firmino concluiu seus trabalhos, onde destacaria: as qualidades intelectuais, teóricas e criativas que o qualificavam plenamente para o exercício da atividade de pesquisa; o conteúdo consistente do seu quadro de referências (principalmente no que dizia respeito à articulação dos conceitos de espaço, paisagem, espaço inteligente, meio técnico-científico-informacional, lugar/região, dinâmica em inovação/redes), em um fecundo diálogo crítico com o trabalho de Milton Santos; sua pesquisa empírica sobre a região de São Carlos permitindo a observação da implantação de um "espaços inteligentes" em uma "região dinâmica em inovação". Essa primeira interação foi significativa tanto para as minhas atividades de orientação como para o desenvolvimento dos trabalhos do grupo e-urb, o que me levou a incentivar a continuidade da formação de Rodrigo Firmino com um doutorado no Reino Unido e, na sequência, convidá-lo a realizar seu pós-doutorado no próprio e-urb.

Nossa segunda interação ocorreu a distância, entre os anos de 2000 e 2004, através de nosso intercâmbio a propósito do andamento dos trabalhos do e-urb e os de Rodrigo Firmino como aluno de doutorado na School of Architecture Planning and Landscape, da Newcastle University no Reino Unido, onde trabalhou com o professor Stephen Graham. Essa interação culminou na montagem do projeto de pesquisa apresentado à USP e à FAPESP para a entrada no programa de pós-doutorado da USP. Supervisionar este programa foi muito importante para mim por ter sido meu primeiro pós-doutorado, e por também ter sido um dos primeiros do nosso departamento e programa de pós-graduação.

Assim, nossa terceira interação inicia-se com a aprovação do seu projeto de pós-doutorado, em 2004 (sob o título "A cidade ampliada e o planejamento local no Brasil: a construção social do desenvolvimento urbano-tecnológico no interior de São Paulo"), e no desenvolvimento das suas atividades de pesquisa, agora no Brasil junto ao grupo e-urb. A conclusão dessa etapa deu-se com a elaboração do relatório técnico da pesquisa e de sua divulgação, na forma de artigos, e agora, com o projeto do livro que aqui se concretiza.

Ao final deste longo processo de trabalho comum e interativo, de 1997 a 2009, há um tempo formativo, mas simultaneamente colaborativo, que muito nos enriqueceu pessoalmente, e em muito colaborou para que o grupo e-urb pudesse atingir os seus objetivos. Dele, Rodrigo Firmino emergiu como um provado e competente pesquisador. No período, Dr. Firmino realizou diversas pesquisas, seu mestrado, doutorado e pós-doutorado, e ainda o acompanhamento de duas pesquisas de iniciação científica. A essa altura algumas informações sobre o grupo e-urb e seu coordenador serão úteis para contextualizar as atividades de Rodrigo Firmino.

O grupo e-urb contou com o suporte do CNPq através da bolsa de produtividade concedida a mim de 1995 a 2009, mesmo tendo me aposentado em 2003.

O e-urb estuda as questões da urbanização virtual, dos serviços urbanos telemáticos e das interfaces híbridas (arquitetônicas – espaço concreto e telemáticas – espaço virtual). Iniciou suas atividades em março de 1997, com o início do segundo período de minha bolsa de produtividade do CNPq. As repercussões desse grupo de pesquisa referem-se aos impactos da exploração de uma nova temática de conhecimento – urbanização virtual – nas atividades acadêmicas e de pesquisa nas áreas do urbanismo e do planejamento urbano. Entre os impactos destacamos a motivação de alunos e docentes do curso de arquitetura e urbanismo para pesquisas nessa área; criação de disciplinas de pós-graduação; criação de linha de pesquisa; orientações e supervisões de iniciações científicas, mestrados, doutorado e pós-doutorado; divulgação da produção do grupo em eventos científicos no Brasil e no exterior; intercâmbio com outros pesquisadores e grupos de pesquisa nacionais e internacionais; e o referendo pela coleta USP/CNPq desde seu início até 2009. Essa trajetória fornece um quadro sumário de referência para situar o contexto de minhas preocupações e opções temáticas e escolhas teórico-metodológicas no grupo e-urb.

Iniciei os meus trabalhos de pesquisa ainda na graduação em engenharia civil, entre os anos de 1966 e 1970, a convite do professor Dr. Paulo de Camargo e Almeida (nenhum parentesco) para participar de uma equipe de professores e alunos que iniciavam a implantação do Programa de Pós-Graduação em Arquitetura. O curso seria dedicado à pesquisa sobre a temática da industrialização da construção no Brasil. Nos conhecemos pela realização do Fórum Universitário de 1968, quando participei da comissão encarregada da sistematização e redação das conclusões do fórum como representante dos alunos e presidente do famoso CAASO (Centro Acadêmico da EESC/USP), nos esforços de implantação no recém-criado Departamento de Arquitetura e

Planejamento da EESC, do qual Dr. Paulo era o chefe. Durante os anos 1970 conclui meu mestrado (1975) ainda sobre a temática da industrialização da construção no Brasil, inicialmente com uma bolsa de mestrado da FAPESP (1970), em seguida como professor contratado (1972) e concursado (1975). Em paralelo, iniciei minhas pesquisas sobre o planejamento urbano e as políticas públicas urbanas e regionais, inicialmente com a supervisão da professora Dra. Maria Adélia de Souza, como aluno de pós-graduação na FAU-USP (1974), e depois como pesquisador contratado (1973-1976); em seguida fui assistente do professor Dr. Celso Monteiro Lamparelli na EESC e na FUNDAP (1976 a 1981). Estes estudos e pesquisas tiveram continuação através de um DEA em *Urbanisme et Amenagement du Territoire* (1981 a 1984), e de um doutorado em urbanismo e políticas públicas (1992 a 1993), também junto ao *Institut d'Urbanisme de Paris* (IUP) da *Université Paris XII - Val de Marne*, sob orientação do Sociólogo Henry Coing. Neste entretempo, participei da criação e implantação do curso de graduação em arquitetura de urbanismo (1985 a 1990) na EESC, e da consolidação do curso de pós-graduação em tecnologias do meio ambiente (1985 a 1993).

No Brasil, fora da EESC, participei da montagem da proposta da reforma administrativa da Prefeitura Municipal de São Paulo (1991), como consultor em urbanismo e planejamento urbano da Secretaria da Reforma Administrativa (SERA) da PMSP. Tendo concluído o que poderia ser concebido como o meu período de formação docente e de pesquisador, a partir de 1994 começou uma nova fase com a concepção e animação do grupo e-urb. Naquele momento, deu-se o início da realização de um consistente programa de pesquisa intitulado "urbanização virtual e serviços telemáticos", que me ocuparia os próximos 15 anos. O programa ainda teve a importante chancela do CNPq, através de uma bolsa de produtividade, a partir de 1995. Reuni, em uma mesma temática, complexa e multidisciplinar os impactos das tecnologias da informação e comunicação (TICs), os resultados de minhas longas pesquisas sobre as políticas públicas, planejamento urbano, design e projeto em arquitetura e urbanismo, e sobre a metodologia e história da ciência, visando a um sólido investimento na interdisciplinaridade.

Fundei o laboratório MidImagem em 1991 no Departamento de Arquitetura e Urbanismo da EESC, um poderoso e visionário centro com áreas de áudio, vídeo, redes e postos de trabalho para CAD e tratamento de imagem e texto, visando enfrentar as novas tarefas de um ensino e pesquisa suportado pelas TICs. No período de 1998 a 2003, como coordenador do laboratório, fui responsável por sua reformulação com recursos do projeto Infra-IV da FAPESP.

Finalmente, encerrando minhas atividades docentes, no final de 2002, no mesmo Departamento de Arquitetura e Urbanismo e a pedido do seu conselho, coordenei a Comissão de Criação do Curso de Design da EESC, que tinha como perspectiva sua implantação em 2005. Para tal, partimos da substanciosa e inovadora proposta de 1997 do então professor Jorge Caron. Após sua crítica e análises dos novos cursos de design internacionais, introduzimos o enfoque do novo design interativo, suportado pelas TICs. Assim, concebemos uma nova área de ensino e pesquisa voltada para o entendimento da virtualidade e das mídias reformulando, assim, todo o conteúdo, a estruturação e grade disciplinar, adequando-as a novas situações didático-pedagógicas e do mercado de trabalho. Em 2003, ano de minha aposentadoria, a proposta do curso foi aprovada pelo conselho do departamento.

Embora aposentado em 2003, não deixei meus trabalhos na coordenação do grupo e-urb até os dias de hoje, devido aos inúmeros projetos e orientações em curso, mas também motivado pelas orientações de doutorado que se iniciavam. A isto se somou a possibilidade irrecusável de trabalhar novamente com o meu ex-orientando de mestrado, o agora Dr. Rodrigo Firmino, que voltava do seu doutorado no Reino Unido, como supervisor de seu novo projeto de pós-doutorado, e que resultou na produção deste livro. Como afirmei acima, o grupo e-urb é responsável pela criação dos meios de pesquisa e pela aglutinação e socialização dos diferentes resultados de uma linha de pesquisa junto à pós-graduação em arquitetura e urbanismo da EESC/USP, divididos em quatro temáticas ou sub-linhas de pesquisa específicas:

1. Urbanização virtual e serviços telemáticos;
2. Infraestrutura telemática da urbanização virtual;
3. Edifícios inteligentes para serviços urbanos telemáticos;
4. E ambientes cognitivos, comunicativos e interativos para os serviços urbanos telemáticos da urbanização virtual.

Toda nossa produção, bem como o histórico dessa trajetória, a participação e contribuição de todos os pesquisadores, alunos e professores relacionados com essas temáticas podem ser encontradas no website do grupo e-urb: http://www.arquitetura.eesc.usp.br/pesquisa/grupos/e-urb.

O grupo e-urb nasceu e existe da vontade de compreender e conceituar as questões envolvidas com o fenômeno chamado urbanização virtual. Com esse termo conceituamos uma série de novas situações e fatos sociais e culturais que emergem nas cidades, ampliando, complementando e complexificando, os processos urbanos tradicionais. A consolidação desse processo, e os seus impactos no plano da cultura, tem levado os analistas a classificar esse novo estágio cultural contemporâneo como sociedade da inteligência, sociedade informacional, sociedade em rede, entre outros. Do ponto de vista espacial, ao nível das regiões se observa a reconstituição das redes de cidades, criando uma nova hierarquia mundial. Do ponto de vista urbano, estamos frente à necessidade de reequipar as cidades com uma nova infraestrutura para viabilizar a inserção nas novas formas de produção social, bem como redefinir e redesenhar os serviços urbanos, para viabilizá-los, tanto em vista das novas infraestruturas das TICs, como em relação às novas práticas sociais, baseadas na *inteligência*. Neste livro, Rodrigo Firmino reúne algumas dessas preocupações, centradas principalmente na primeira parte ("Ampliando o espaço"), o que evidencia sua relação com as minhas preocupações teórico-metodológicas e do grupo e-urb.

A primeira componente de nossa problemática sobre as manifestações da telemática na cidade surge ao ser procurada a articulação dos elementos da nova base tecnológica da criação e produção cultural que emergiu com as inovações tecnológicas originadas da convergência da informática, com as telecomunicações e com as mídias, que forma o substrato da telemática (ou TICs). Tal convergência telemática foi propiciada pela passagem ao processamento universal da informação através do uso dos recursos, saberes, dispositivos e aparelhos que foram criados no bojo da ultima revolução industrial eletrônica e digital, que emergiu no final do século XX e ainda está em curso. Para tal, descrevemos as linhas centrais de desenvolvimento tecnológicos, esclarecemos conceitos que norteiam a apresentação das novas obras da cultura, captamos os impactos na vida social, e os cenários da criação e das transformações nas práticas produtivas em geral e do espaço em particular. Assim, a primeira componente da nossa problemática diz respeito às relações entre as novas tecnologias e a criação cultural, caminhando em direção à procura da nova base tecnológica: telemática.

A segunda componente de nossa problemática – manifestações da telemática na cidade: sobre a urbanização virtual e os serviços telemáticos – consubstancia as teses do grupo e-urb sobre o significado e o lugar das práticas sociais originárias dos impactos urbanos da convergência das novas tecnologias telemáticas na produção do urbano. Aqui evidenciamos as articulações da telemática com a cultura, com a cidade, com os serviços urbanos, resultando na reconfiguração do espaço-tempo urbano, e de seus desdobramentos em direção a novas demandas ao planejamento e ao desenho urbano e arquitetônico.

A terceira componente – interfaces telemáticas interativas dos serviços urbanos telemáticos da urbanização virtual: sobre os ambientes cognitivos, comunicativos e interativos – emerge em torno das questões das interfaces interativas dos serviços urbanos telemáticos da urbanização virtual. As hipóteses teóricas e empíricas sobre as interfaces telemáticas interativas e os ambientes cognitivos e comunicativos dos serviços urbanos telemáticos permite-nos caminhar em direção a uma possibilidade de reconceituação do espaço-tempo real, dado no espaço arquitetônico e urbano. Tal reconceituação deve ser pensada como síntese do espaço concreto ampliado pelo espaço virtual, o que vem a caracterizar a nossa experiência com as manifestações da telemática nas interfaces interativas.

No ultimo período, de 2006 a 2009, retomamos as preocupações iniciais com as políticas públicas (abordada inicialmente entre 1997 e 1999), mas agora com ênfase no desenvolvimento do conjunto da cidade e da gestão dos aspectos relativos à construção da cidade virtual. Tal desdobramento da temática emergiu nesse último período, pois ficou latente a necessidade de um fechamento, de um verdadeiro retorno ao foco original e histórico das nossas preocupações e pesquisas no grupo e-urb: as políticas públicas urbanas, depois de dois períodos dedicados às especificidades do arquitetônico e da telemática nas/das interfaces interativas.

Nossa hipótese sobre as políticas públicas urbanas telemáticas é a de que as questões políticas articulam as relações entre os serviços, as tecnologias e os espaços, entre os operadores e consumidores. Através da explicitação dos seus nexos, pode-se captar o emergente "vivido urbano virtual", a parte da vida social e cultural suportada pela telemática e, com isso, apreender-se os caminhos em direção ao desenvolvimento da cidade inteligente ou virtual. Já nossa visão da política urbana é a de que ela produz as cidades, ao articular três dimensões fundantes do fazer da política e do exercício do poder:

1. Uma dimensão da organização sócio-estatal, institucional das políticas, que articulam o Estado, as empresas, o terceiro setor;

2. Uma dimensão de economia-política que estrutura os meios de produção das infraestruturas telemáticas;

3. A operação arquitetônica e urbanística, que através de operações urbanas alavancadas pela telemática e realizadas no âmbito local, permitem a construção das interfaces interativas urbanas.

CIDADE AMPLIADA   149

   Nessas pesquisas, abordamos essas três dimensões das políticas urbanas, sempre de um ponto de vista teórico e empírico, procurando resultados que nos permitissem formular teorias, para descrever e explicar casos concretos observados no campo. Vemos aqui que os trabalhos de pesquisa que desenvolvemos com Rodrigo Firmino no seu programa de pós-doutorado foram oportunos e estratégicos para o correto reequacionamento das atividades no seu conjunto e no desenvolvimento e fechamento da problemática histórica e central do grupo e-urb.

   Assim, tive a oportunidade de orientar no e-urb, ao longo de seus 13 anos de existência (desde 1997), diferentes trabalhos e pesquisas de alunos, arquitetos e engenheiros. Evidentemente, tais trabalhos apresentam enfoques teórico-metodológicos distintos, especificidades próprias a cada objeto de pesquisa, e peculiaridades próprias de cada pesquisador em função de suas trajetórias. Mas todos também representam a convergência dos resultados da ação interativa e sinergética, constantemente procurada e realizada de forma coletiva pelo conjunto dos pesquisadores dentro do grupo e-urb.

   De forma a interagir com o conteúdo apresentado neste livro, e em consonância com os avanços do grupo e-urb, gostaria de apontar algumas observações generalizáveis sobre o processo de interação que mantive durante a orientação de todos os membros do grupo, mas que tiveram seu início na interação pioneira, constante, exemplar e consolidada ao longo de tantos anos, com o então aluno e orientando, Rodrigo Firmino.

Divergência e convergência dos quadros teóricos e metodológicos

Como primeira observação geral gostaria de apontar que as nossas problemáticas (minhas e de meus orientandos) foram evoluindo em paralelo e simultaneamente divergindo, nossos objetivos apontaram para objetos que se recobrem, mas não se superpõe, nossas metodologias se consolidaram dentro de quadros teórico-metodológicos, que se não se antagonizam nas questões operacionais da metodologia, podem encontrar expressivas diferenças nas questões de fundo. Isso aponta para duas observações específicas que justificam e explicam essas convergências e disparidades, e que me permitiram retirar preciosos ensinamentos sobre como conduzir um processo de formação de quadros acadêmicos autônomos e críticos. Permitiram-me também, aprender como realizar pesquisas coletivas, mantendo a coesão do grupo em direção aos seus objetivos maiores, e aproveitando coletivamente a riqueza criativa de cada pesquisador, que nasce no cotidiano de seus processos autônomos de maturação.

EMERSÃO DE UMA FILOSOFIA DE FORMAÇÃO

Como primeira observação específica, aponto a emersão de uma filosofia de formação de quadros pela qual me pautei, e que hoje julgo a mais pertinente na condução da relação orientador-orientado: reproduzir o orientado dentro de um processo que culmine com a criação de um pesquisador independente e autônomo. Isso implica na não reprodução do orientado como uma imagem especular do orientador, isto é, mimetizando a incorporação do mesmo quadro de referência teórico-metodológico e a consequente incorporação da mesma problemática do orientador. No caso das minhas orientações creio que esta filosofia se aplicou com o maior êxito. Hoje vejo em Rodrigo Firmino o seu paradigma, pois trata-se de um pesquisador no sentido pleno da sua expressão, que inicia agora na PUCPR uma carreira autônoma de pesquisador com uma fecunda e inovadora tese. Creio que seguir essa filosofia em muito contribuiu para que se tornasse um pesquisador criativo e autônomo.

CONTRADIÇÃO IMPLÍCITA AOS DIFERENTES QUADROS DE REFERÊNCIA

Aponto também para o fato de que existe uma contradição implícita e fundante nos desenvolvimentos dos diferentes quadros de referência utilizados pelos meus trabalhos e de Rodrigo Firmino, embora a situação também se apresente para os demais trabalhos do grupo e-urb. Essa contradição aparece entre os elementos do quadro teórico-metodológico do programa de pesquisa do grupo e-urb, que diz respeito em específico às balizas teóricas e a maneira de conduzir a pesquisa e/ou estratégias metodológicas mobilizadas, de como se deve coordenar o trabalho coletivo do grupo. Assim, certamente, a exploração de uma mesma temática – em nosso caso, a das políticas públicas urbanas telemáticas – nos levou a construção de objetos e estratégias metodológicas diferenciadas, o que se evidencia a partir da leitura das pesquisas realizadas e dos textos apresentados pelo grupo e-urb e em particular apresentado neste livro.

Esboço de linhas de clivagem dos quadros de referência

Não pretendo realizar um balanço e menos ainda uma análise exaustiva de toda riqueza da produção do grupo e-urb ao longo desses 13 anos de existência, mas farei uma leitura sintomática preliminar, apontando alguns eixos onde se pode apreender tais alteridades, inovações e convergências, enfim tais aprendizados coletivos, e ao mesmo tempo apresenta uma chave de leitura para o presente livro Rodrigo Firmino.

Entre os enfoques histórico-genético e funcional-sistêmico na estruturação das problemáticas das políticas públicas

Um primeiro eixo diz respeito a questão estruturadora de fundo de nossos quadros teórico-metodológicos. Embora procure em minhas pesquisas orientar e estruturar as problemáticas a partir de um referencial oriundo da economia-política, sinto que, na prática da pesquisa, ocorre um distanciamento na construção das nossas problemáticas em direção oposta, a referências que poderíamos chamar de um funcionalismo operacional e sistêmico, hoje hegemônico nas análise das políticas públicas e instituições. Estas maneiras de enfocar e estruturar as problemáticas das diferentes pesquisas não deixam de convergir quando se trata da descrição de aspectos institucionais e operacionais das políticas urbanas, mas acabam por divergir quando se procuram as estruturas dos fenômenos explicativos de fundo. De minha parte, procuro entender as políticas públicas como estruturas históricas e mutáveis no tempo. Definidas por um lado, no âmbito de um estado capitalista, ainda que democrático e de direito e, por outro lado, oriundo das articulações e motivações econômicas e sociais de uma sociedade classista e inegualitária. Três consequências importantes desta clivagem dizem respeito a: natureza, finalidade e mecanismo operacional das políticas publicas urbanas.

Aqui, a contribuição da pesquisa de Rodrigo Firmino abre um fértil campo de articulações com as minhas preocupações e com as do grupo e-urb, ao tratar as ações e mecanismos institucionais públicos relativos às tecnologias da informação e comunicação (TICs), por um lado como invenções ou inovações sociais passíveis de serem tratadas pela teoria da construção social das tecnologias, e por outro, suas reflexões procurando incorporar e desenvolver os resultados da "escola miltoniana de análise do espaço geográfico", baseado na dialética econômica-política e espaçial, onde a produção das infraestruturas do espaço pelos meios tecnológicos e informacionais globalizados constituem a nova fase do desenvolvimento dos territórios.

A URBANIZAÇÃO VIRTUAL COMO FENÔMENO URBANO NOVO

Um segundo eixo de alteridades pode ser observado no que se refere ao fenômeno urbano de fundo, que ocorre com o advento das TICs na vida urbana e se apresenta como algo novo inerente a especificidade dessas tecnologias. Aqui estamos em presença de uma visão estrutural em oposição a uma visão formal, que se desdobra ainda na ênfase do fenômeno de fundo ser exclusivamente social e/ou espacial. Assim, estamos diante de um fenômeno novo de urbanização, que chamamos de urbanização virtual, que dá ênfase a construção social e cultural da confluência entre a tecnologia e a cidade, sem desprezar as suas manifestações espaciais urbanas e arquitetônicas? Ou a um fenômeno de urbanística que aprende os aspectos formais e espaciais de uma cidade ampliada, entendida como um novo objeto de design, mesmo que apreendido dentro de uma visão de construção social?

Aqui novamente estabeleço um diálogo construtivo com Rodrigo Firmino, tentando superar essa dicotomia. De um lado, introduzo uma visão processual e fenomenológica para a os fenômenos virtuais na cidade contemporânea, fazendo um paralelo com a construção teórica e analítica da urbanização conforme esboçada pela "escola francesa de urbanismo" iniciada por Henry Lefevre. Rodrigo Firmino, por sua vez, com sua ênfase ao objeto técnico urbano – cidade ampliada – e sua aproximação pela teoria da "mudança social técnica" (de Wiebe Bijker), e do papel da construção de uma administração pública consciente e racional, baseada numa teoria do planejamento e desenvolvimento urbano com fins sociais, lança-nos o desfio de pensar a possibilidade de uma nova urbanística virtual na tradição do desenho urbano das "escolas italiana e inglesa".

Seria essa possibilidade apenas uma nova componente de ação de um novo *modus operandi* que configuraria novas estratégias neoliberais para a construção de cidades adaptadas a nova fase informatizada da globalização econômica, que ao nível de políticas urbanas locais seria a saída inevitável? Seriam tais enfoques alternativos, que acabariam por divergir e criar conflitos explicativos, ou, ao contrário, passíveis de serem aproximados e metabolizados por uma visão histórica e estrutural de economia-política, explicitando novas manifestações do desenvolvimento das forças produtivas e qualificando-as e especificando-as? Sinto que embora haja fortes tendências divergentes, conseguimos conviver com tais aportes teóricos e mesmo encontrar potenciais convergências ao revelar novas dimensões fenomenológicas e novas hipóteses explicativas.

DESDOBRAMENTOS URBANÍSTICOS OU ESPACIAIS DAS TICS

Um terceiro eixo de alteridade pode ser construído em torno da própria concepção dos desdobramentos urbanísticos ou espaciais das TICs dentro de uma política urbana telemática. Aqui a questão remete menos à visão ideológica ou teórica, e mais à adequação de estratégias metodológicas de como realizar os desdobramentos operacionais de tais políticas tendo em vista principalmente os objetivos perseguidos pelas pesquisas. Temos o conjunto histórico das hipóteses matriciais do grupo e-urb, que: por um lado, articulam as políticas públicas à construção do urbano como espaço público e coletivo de recursos ampliados, a reprodução do capital e da vida, aos serviços urbanos que dão as formas a cadeias de agentes sociais com interesses específicos na produção e distribuição do objeto de cada serviço. E que por outro, articulam as políticas públicas às tecnologias telemáticas, que são, por sua vez, articuladas a três tipos de manifestações: arquitetônico/urbanísticos (como operação urbana, a rede; como operação arquitetônica, a unidade terminal de serviço; e como espaço, o ambiente de trabalho ou vivência), as manifestações sociais (organização social e institucional do trabalho no serviço), e as manifestações da telemática (como interfaces telemáticas e interativas, os ambientes comunicativos e cognitivos).

O que julgo mais importante ressaltar aqui é o investimento do e-urb e de seus pesquisadores em um quadro de referência estrutural e convergente, capaz de captar os conteúdos de processos urbanos e tecnológicos, e não só aspectos performáticos de ações institucionais, cujo fundo ou raiz sociotécnica acaba por escapar, pois a estrutura tecnológica observada pode ser simplesmente uma manifestação específica a uma conjuntura particular e temporal de uma política pública local.

DIMENSÃO GEOGRÁFICA DAS POLÍTICAS PÚBLICAS TELEMÁTICAS

Finalmente, um quarto eixo de alteridade ocorre em relação à dimensão geográfica das política públicas telemáticas que, em certa medida, são condicionados por hipóteses relativas aos reflexos de fenômenos espaciais na estruturação de tais políticas. Assim foram propostos pelo menos três recortes geográficos ou territoriais que não se superpõem e deixam em aberto a natureza última dos fenômenos relevantes:

1. A importância das cidades médias e a presença nessas cidades de quadros bem formados e motivados, que se encontram em posição de assumir a condução e implementação de tais políticas como fator decisivo, mesmo que outras variáveis de contexto sejam favoráveis e demandem tais políticas;

2. A importância de cidades locais que produzem políticas públicas urbanas telemáticas explícitas, não mais expressas em contextos específicos, estadual e/ou local, mas na

articulação de contextos interestaduais, seguindo as linhas de força geográficas dos fenômenos econômicos e sociais contemporâneos da globalização;

3. E a importância da expansão de uma rede de cidades para o desenvolvimento econômico estadual, apontando o papel indutor das políticas de comunicação e nestas a presença de ações integradas de planejamento urbano.

De tais considerações, podemos observar que, para a hipótese geográfica ou territorial, é menos importante o fato dessas cidades terem ou não recursos humanos para formular ou implementar políticas telemáticas ou comunicacionais, e mais importante o fato de existir uma pressão do contexto econômico e social atrelado às grandes reorganizações do capital internacional, que redefine e realoca o papel e as funções dos lugares. A consequência disso é que nossas hipóteses sobre as políticas públicas telemáticas devem ter um recorte regional, que apreenda as transformações da nova divisão social do trabalho e do capital.

Sobre a problemática da linha da urbanização virtual

Para finalizar, retomo a linha de raciocínio da observação geral sobre a convergência/divergência na produção dos pesquisadores do e-urb e enfoco aquelas que nortearam as pesquisas da linha urbanização virtual. Destaco a riqueza e as alternativas que se abriram com a criatividade e a sinergia da pesquisa coletiva em um grupo de pesquisa como o e-urb, que sempre atuou dentro de um marco de autonomização do pesquisador individual. O que aparece inicialmente como conflito ou contradição, em outro patamar mostra o quanto enriqueceram os nossos quadros teórico-metodológicos. Assim, nessa linha posso citar, além desta, três pesquisas realizadas ou ainda em curso no grupo no último período 2006-2009, sendo: "Novas configurações da mobilidade territorial e urbana na sociedade globalizada e da informação" pelo mestre Raphael Pupim; "Governança urbana assistida pela tecnologia da informação e comunicação" pelo mestre César Muniz; "Políticas públicas de desenvolvimento urbano no Brasil pós-constituinte de 1988" pelo doutor José Calos Bezzon.

Do ponto de vista da temática todas essas pesquisas procuram enfocar, não a especificidade do fenômeno da urbanização virtual, pois admitem a existência desse fenômeno já constatada, embora julguem necessária a apresentação das especificidades de tais manifestações e das novas emergências, o que vem ao encontro da sensibilidade de cada pesquisador e em certa medida condicionam os enfoques e recortes teóricos e metodológicos. Todas convergem para a questão da possibilidade de formulação de novas políticas públicas coerentes com as manifestações emergentes da urbanização virtual.

Do ponto de vista dos quadros teórico-metodológicos, elas apresentam enfoques que no seu conjunto poderiam ser explicitadas como manifestações diferenciadas de uma mesma visão estrutural ou estruturalista das políticas públicas. Ou seja, todas procuram na articulação de um conjunto de funções tradicionais, e mesmo inovadoras, oriundas das TICs e realizadas pelos governos, seus nexos explicativos e significativos. Tais funções articuladoras seriam associadas a formas de gestão dos meios urbanos de reprodução da vida urbana.

O sentido dessas articulações, sejam centradas no design ou no planejamento, ou ainda em um conjunto de mecanismos autônomos de auto-regulação, explica-se na natureza das relações do Estado com a sociedade civil. Aqui devem entrar em jogo, por um lado, os enfoques da ciência política de cada pesquisador e, por outro, o quanto tais enfoques permitem uma visão clara dos fenômenos sociais e políticos em curso na sociedade e no estado.

CONSIDERAÇÕES FINAIS

Gostaria de retomar minha observação inicial de que, no seu conjunto e nas suas grandes linhas, as pesquisas evidenciam a riqueza dos seus enfoques teórico-metodológicos distintos. Assim, pesquisa realizada dentro do grupo e-urb de forma coletiva pelos pesquisadores, mas preservando a suas particularidades, permite que cada uma delas ganhe uma força maior no seu interior, ao interagir com as outras, e simultaneamente, gere uma maior cadeia de impactos ao propiciar um diálogo com o seu contexto. Concluo este comentário à pesquisa de Rodrigo Firmino (embrião do presente livro), através do seu contexto de produção. Não entendo que seria conveniente fazer uma exegese do seu texto, pois não se trata de uma resenha, nem análise crítica, creio que isto é a tarefa do leitor, ou melhor, o melhor produto da leitura deste livro, o prazer da leitura. Gostaria, entretanto, ao finalizar, de apresentar uma opinião externa a minha, de alguém que também apreciou e julgou como excelente este trabalho de pesquisa, a opinião isenta do consultor anônimo da FAPESP:

> Minha apreciação do relatório da tese definitiva de pós-doutorado do pesquisador prof. Dr. Rodrigo José Firmino, é novamente positiva. Suas atividades, realizadas no âmbito do grupo de pesquisa e-urb, com o apoio do Departamento de Arquitetura e Urbanismo da Escola de Engenharia de da USP em São Carlos, continuam a demonstrar coerência e excelência [...] Sua pesquisa demonstra a qualidade do seu trabalho, sua motivação, seu entusiasmo e sua indubitável capacidade de disseminar sua pesquisa e os benefícios dela resultantes [...] A pesquisa que discorreu sobre a integração das redes de telecomunicações ao espaço urbano, baseou-se em técnicas e em levantamento de dados trazendo contribuição tanto em nível técnico como em nível prático para as cidades do estado de São Paulo que apresentam problemas referentes ao planejamento urbano ou falta de conhecimento das tecnologias da informação e comunicação. (FAPESP, 2007)

Agradecimentos

Gostaria de agradecer à Fundação de Amparo à Pesquisa do Estado de São Paulo, FAPESP, por ter financiado integralmente a pesquisa que resultou neste livro, sob o título "A cidade ampliada e o planejamento local no Brasil: a construção social do desenvolvimento urbano-tecnológico no interior de São Paulo". Azael Rangel Camargo foi decisivo na intermediação deste financiamento (além de outras contribuições, mencionadas no posfácio do livro). Agradeço a Fábio Duarte, George Dantas e Francisco Sales Trajano Filho pela leitura, comentários e discussões que ajudaram direta e indiretamente na organização do conteúdo aqui apresentado. Finalmente, sou grato a Jorge Sallum e à ECidade pelo apoio editorial e confiança no valor desta modesta obra.

Bibliografia

AIBAR, E. and Bijker, W. (1997). "Constructing a City: The Cerdà Plan for the Extension of Barcelona." Science, Technology, & Human values 22(1): 3-30Albrechts, L. (1999). "Planners as catalysts and initiators of change. The new structure plan for Flanders." European Planning Studies 7(5): 587-603.

ALBRECHTS, L. (2001). "Devolution, Regional Governance and Planning Systems in Belgium." International Planning Studies 6(2): 167-182.

ALBRECHTS, L. (2001). From traditional land use planning to strategic spatial planning: the case of Flanders. The changing institutional landscape of planning. L. Albrechts, J. Alden and A. Da Rosa Pires. Aldershot, Ashgate: 83-108.

AMADOR, I. M. (1990). As Manifestações sociais e econômicas conjugadas com as condições físico-ambientais, determinam a paisagem urbana. Estudo de caso – São Carlos/SP. São Paulo. 225p. Tese (Doutorado) – Faculdade de Arquitetura e Urbanismo, Universidade de São Paulo.

ANDERSON, B. (1983). Imagined communities. London, Verso.

ATKINSON, R. (1997). "The digital technology revolution and the future of US cities." Journal of Urban Technology 4(1): 81-98.

AURIGI, A. (2000). Digital city or urban simulator? Digital cities: technologies, experiences, and future perspectives. T. Ishida and K. Isbister. Berlin, Springer-Verlag. 1765: 33-44.

AURIGI, A. (2003). "The First Steps of Digital Cities" (unpublished doctoral thesis, University of Newcastle, 2003), 314.

AURIGI, A. (2005). Making the digital city: the early shaping of urban Internet space, Aldershot: Ashgate.

AURIGI, A. and S. Graham (2000). Cyberspace and the city: the virtual city in Europe. A companion to the city. G. Bridge and S. Watson. Oxford, Blackwell: 489-502.

AYOAMA, Y. (1999). "Cities and telecommunications at the millennium's end: exclusion and empowerment for real and virtual communities." Urban Geography 20(4): 291-293.

AZZONI, C. R. (1986). O novo endereço da indústria paulista. São Paulo, FEA/USP.

BAKER, P. (1999). Governance, policy and place in an age of technologically mediated interaction. Public Policy APSA meeting, Atlanta, GA.

BATTEN, D. (1995). "Networked cities: creative urban agglomerations for the 21st century." Urban Studies 32(2): 313-327.

BATTY, M. (1987). The intelligent plaza is only the beginning. The Guardian. London.

BATTY, M. (1990). "Intelligent cities: using information networks to gain competitive advantage." Environment and Planning B: planning and design 17(2): 247-256.

BATTY, M. and B. Barr (1994). "The electronic frontier: exploring and mapping cyberspace." Futures 26(7): 699-712.

BAUM, H. S. (1988). "Planning-Theory as Political Practice." Society 26(1): 35-&.

BEAMISH, A. (2001). The city in cyberspace. Imaging the city: continuing struggles and new directions. L. Vale and S. Warner. New Brunswick, Center for Urban Policy Research (CUPR) Press: 283-200.

BIJKER, W. (1987). Of Bicycles, Bakelites, and Bulbs: Toward a Theory of Sociotechnical Change, Cambridge MA, MIT Press.

BIJKER, W. and J. Law (1997). Shaping technology/building society: studies in sociotechnical change. London, MIT Press.

BIJKER, W., T. Hughes, et al. (1989). The social construction of technological systems: new directions in the sociology and history of technology. London, MIT Press.

BONNETT, T. (1999). "Governance in the digital age." Public Management 81: 6-14.

BOYER, M. C. (1996). Cybercities: visual perception in the age of electronic communication. New York, Princeton Architectural Press.

BROTCHIE, J., M. Batty, et al., Eds. (1991). Cities of the 21st century. London, Halsted.

BROTCHIE, J., P. Newton, et al., Eds. (1985). The future of urban form: the impact of new technology. London, Croom Helm and Nichols.

BULL, C. (1997). "City: repository of dreams - realm of illusion - experience of reality." Urban Design International 2(3): 145-153.

CALLON, M. (1986). The Sociology of an Actor Network: The Case of the Electric Vehicle. Mapping the Dynamics of Science and Technology: Sociology of Science in the Real World. M. Callon, J. Law and A. Rip. London, MacMilllan: 19-34

CAMPANELLA, T. (2001). Anti-urbanism city images and media culture. Imaging the city: continuing struggles and new directions. L. Vale and S. Warner. New Brunswick, Center for Urban Policy Research (CUPR) Press: 237-254.

CAMPANELLA, T. (2001). Eden by wire: webcameras and the telepresent landscape. The robot in the garden: teleroboTICs and telepistemology in the age of the Internet. K. Goldberg. London, MIT Press: 22-47.

CASTELLS, M. (1989). The informational city: information technology, economic restructuring, and the urban-regional process. Oxford, Blackwell.

CASTELLS, M. (1996). The rise of the network society. Cambridge, Mass, Blackwell.

CASTELLS, M. (1997). "An introduction to the information age." City 7: 06-16.

CASTELLS, M. (1997). The power of identity. Cambridge, Mass, Blackwell.

CASTELLS, M. (1998). End of millenium. Malden, Mass, Blackwell.

CASTELLS, M. (2000). Grassrooting the space of flows. Cities in the telecommunications age: the fracturing of geographies. J. Wheeler, Y. Aoyama and B. Warf. London, Routledge: 18-27.

CHRISTOPHERSON, S. (1994). The fortress city: privatised spaces, consumer citizenship. Post fordism: a reader. A. Amin. Oxford, Blackwell: 409-427.

COHEN, G. and P. Nijkamp (2002). ICT, the city and society. Amsterdam, Department of Spatial Economics, Vrije Universiteit Tinbergen Institute: 21.

COHEN, G., M. Van Geenhuizen, et al. (2001). Urban planning and information and communication technology. Amsterdam, Department of Spatial Economics, Vrije Universiteit Tinbergen Institute: 20.

CORNFORD, J. and A. Gillespie (1992). "The coming of the wired city? The recent development of cable in Britain." Town Planning Review 63(3): 243-264.

CRANG, M. (2000). "Urban Morphology and the Shaping of the Transmissable City." City 4(3): 303-315.

CUFF, D. (2003). "Immanent Domain: Pervasive Computing and the Public Realm." *Journal of Architectural Education* 57(1): 43-9.

DALTON, L. C. (1997). "Readings in planning theory - Campbell,S, Fainstein,S." Journal of Planning Education and Research 16(3): 234-237.

DARBY, G. (1994). Can digital kiosks for travellers bring digital services to the local loop and make a city, a village, smart? A development strategy. Pacific Telecommunication Council, 16th Conference Proceedings, Pacific Telecommunication Council.

DAVIS, j. (1993). "Cyberspace and social struggle." Computer Underground Digest 5(89).

DAVIS, M. (1990). Cities of quartz: excavating the future in Los Angeles. London, Verso.

DAWSON, J. (1992). "European city networks: experiments in trans-national urban collaboration." The Planner(10).

DEMATTEIS, G. (1994). "Global networks, local cities." Flux(15): 17-24.

DODGE, M., A. Smith, et al. (1997). Virtual cities on the World-Wide Web: towards a virtual city information system, Centre for Advanced Spatial Analysis (CASA).

DREWE, P. (1998). The network city: how to deal with IT in spatial planning. Mimeo. Durham: 16.

DREWE, P. (2000). ICT and Urban Form, Urban Planning and Design: Off the Beaten Track. Delft University of Technology, Delft, 37.

DUCATEL, K. (1994). "Transactional telemaTICs and the city." Local government studies 20(1): 60-77.

DUTTON, W. and K. Guthrie (1991). "An ecology of games: the political construction of Santa Monica's public electronic network." Informatization and the Public Sector 1: 279-301.

DUTTON, W., J. Blumler, et al., Eds. (1987). Wired cities: shaping the future of communications. Washington, Communications Library.

ECHEVERRÍA, J. (1995). "Telépolis." Quaderns(211): 42-47.

ELIAS, D. (1996). Meio técnico-científico-informacional e urbanização na região de Ribeirão Preto (SP). São Paulo. 293p. Tese (Doutorado) Faculdade de Filosofia, Letras e Ciências Humanas, Universidade de São Paulo.

EZECHIELI, C. (1998). *Shifting Boundaries: Territories, Networks and Cities*. Telecommunications and the city, Athens, GA, University of Georgia.

FERNANDES, A. C.; Côrtez, M. R. (1999). Caracterização da base industrial do município de São Carlos: da capacidade de ajuste local à reestruturação da economia brasileira. In: VII Encontro Nacional da ANPUR. Porto Alegre, 1999. Anais. Porto Alegre.

FIRMEZA, J. and F. Fontes (2000). "Aveiro Digital City: a case study for a multi-services community network." Journal of the Institution of British Telecommunications Engineers 1: 153-158.

FIRMINO, R. (2000). Espaços Inteligentes: O Meio Técnico-Científico-Informacional E a Cidade De São Carlos (Sp). MPhil Dissertation. Departamento de Arquitetura e Urbanismo, Universidade de São Paulo (USP). São Carlos, (Brasil): 237.

FIRMINO, R. (2003). "'Not Just a Portal' - Virtual Cities as a Complex Sociotechnical Phenomenon." Journal of Urban Technology 10(2).

FIRMINO, R. (2004). "Building the Virtual City: the Dilemmas of Integrative Strategies for Urban and Electronic Spaces", (unpublished doctoral thesis, University of Newcastle, 2004), 351.

FIRMINO, R. (2006). "A Cidade Ampliada e o Planejamento no Interior de São Paulo I: primeiras impressões sobre o desenvolvimento urbano-tecnológico nas cidades médias". Relatório de Pesquisa, São Carlos: Grupo E-urb, Escola de Engenharia de São Carlos, Universidade de São Paulo.

FRANCO, J. (1998). "Virtual cities (Utopia, Latin-American fiction)." Centennial Review 42(3): 419-436.

FRAZER, J. (1995). Architects and cyberspace. Architectural design. 65.

GAZETA MERCANTIL. (2005). ATLAS DO MERCADO BRASILEIRO. ANO VI, n.6, fevereiro de 2005.
GIBSON, W. (1984). Neuromancer. London, Grafton.
GORENDER, J. (1996). Globalização, revolução tecnológica e relações de trabalho. Revista Estudos Avançados: 46.
GRAHAM, S. (1994). "Networking Cities: telemaTICs in urban-policy, a critical review." International Journal of Urban and Regional Research 18(3): 416-432.
GRAHAM, S. (1996). Networking the city: a comparison of urban telecommunications initiatives in France and Britain. Faculty of Science and Engineering. Manchester (U.K.), University of Manchester: 338.
GRAHAM, S. (1997). "Urban planning in the information society." Town and Country Planning 66(11): 296-301.
GRAHAM, S. (1998). "Spaces of surveillant simulation: new technologies, digital representations, and material geographies." Environment and Planning D: society & space 16(4): 483-504.
GRAHAM, S. (1999). "Global grids of glass: on global cities, telecommunications and planetary urban networks." Urban Studies 36(5-6): 929-949.
GRAHAM, S. (1999). Towards urban cyberspace planning: grounding the global through urban telemaTICs policy and planning. Technocities. J. Downey and J. McGuigan. London, Sage: 09-33.
GRAHAM, S. (2000). Satellite dishes. City A-Z. S. Pile and N. Thrift. London, Routledge: 211-213.
GRAHAM, S. and A. Aurigi (1997). "Urbanising cyberspace? The nature potential of the virtual cities movement." City 7(information, identity and the city (May, 1997)): 18-38.
GRAHAM, S. and A. Aurigi (1997). "Virtual cities, social polarisation and the crisis in urban public space." Journal of Urban Technology 4(1): 19-52.
GRAHAM, S. and Dominy, G. (1991). "Planning for the Information City: The Uk Case", Progress in Planning 35, 169-248.
GRAHAM, S. and P. Healey (1999). "Relational concepts of space and place: issues for planning theory and practice." European Planning Studies 7(5): 623-646.
GRAHAM, S. and S. Marvin (1994). More than ducts and wires: post-fordism, cities and utility networks. Managing cities: the new urban context. P. Healey and E. al. London, John Wiley.
GRAHAM, S. and S. Marvin (1996). Telecommunications and the city: electronic space, urban places. London, Routledge.
GRAHAM, S. and S. Marvin (1999). "Planning cybercities? Integrating telecommunications into urban planning." Town Planning Review 70(1): 89-114.
GRAHAM, S. and S. Marvin (2000). Urban planning and the technological future of cities. Cities in the telecommunications age: the fracturing of geographies. J. Wheeler, Y. Aoyama and B. Warf. London, Routledge: 18-27.

GRAHAM, S. and S. Marvin (2001). Splintering urbanism: networked infrastructures, technological mobilites and the urban condition. London, Routledge.

GRUBESIC, T. (2002). "Spatial dimensions of Internet activity." Telecommunications Policy 26: 363-387.

GUTHRIE, K. and W. Dutton (1992). "The politics of citizen access technology - the development of public information utilities in 4 cities." Policy Studies Journal 20(4): 574-597.

GUTHRIE, K. and W. Dutton (1992). "The politics of citizen access technology: the developmet of public information utilities in four cities." Policy Studies Journal 20(4): 574-597.

HALL, P. (1996). "The geography of the information economy." Interdisciplinary Science Reviews 21(3): 199-208.

HALL, P. S. (2000). "Creative cities and economic development." Urban Studies 37: 639-49.

HARVEY, D. (1989). The condiction of postmodernity: an enquiry into the origins of cultural change. New York, NY, Blackwell.

HEALY, D. (1997). Cyberspace and place: the Internet as a middle landscape on the electronic frontier. Internet culture. D. Porter. London, Routledge: 55-68.

HORAN, T. (2000). Digital places: building our city of bits. Washington, DC, ULI - the Urban Land Institute.

INGRAM, R. (1998). "Building virtual worlds: a city planning perspective." On-line Planning Journal.

ISHIDA, T. and K. Isbister, Eds. (2000). Digital cities: technologies, experiences, and future perspectives. Lecture notes in computer science. Berlin, Springer-Verlag.

JORGENSEN, D. (1989). Participant observation: a methodology for human studies. London, Sage.

KAHNEY, L. (2003). Big Screens Open Windows on World. Wired News, outubro de 2003.

KOOLHAAS, R. and Mau, B. (1995). Small, Medium, Large, Extra-Large: Office for Metropolitan Architecture. New York, Monacelli Press

KRAEMER, K. and J. King (1988). "The role of information technology in managing cities." Local Government Studies 14(2): 23-47.

KUMAR, A. (1990). "Impact of technological developments on urban form and travel behaviour." Regional Studies 24(2): 137-148.

LATOUR, B. (1993). We Have Never Been Modern. Cambridge, MA, Harvard University Press Lévy, P. (1995). As tecnologias da inteligência: o futuro do pensamento na era da informática. São Paulo, Editora 34.

LEMOS, A. (Org.). (2005). Cibercidades II. Ciberurbe: A cidade na sociedade da informação, Rio de Janeiro: Editora E-Papers.

LÉVY, P. (1996). O que é o virtual? São Paulo, Editora 34.

LÉVY, P. (1998). Becoming virtual: reality in the digital age. London, Perseus.

LÉVY, P. (1999). Cibercultura. São Paulo, Editora 34.

LEWIS, P. (1983). The galactic metropolis. Beyond the urban fringe: land-use issues of nonmetropolitan America. R. Platt and G. MacInko. Minneapolis, Univ. of Minnesota Press: 23-49.

LIFF, S. and F. Steward (2001). "Community e-gateways: locating networks and learning for social inclusion." Information, communication society 4(3).

LOBET-MARIS, C. and B. Van Bastelaer (2000). "Development models for virtual cities." Communications & Strategies(39): 59-74.

LOJKINE, J. (1995). A revolução informacional. São Paulo, Cortez.

LONGLEY, P. and R. Harris (1999). "Towards a new digital data infrastructure for urban analysis and modelling." Environment and Planning B: planning & design 26(6): 855-878.

LOVINK, G. (2002). The digital city - metaphor and community. Dark Fiber: tracking critical Internet culture. London, MIT Press: 42-67.

MAHIZHNAN, A. (1999). "Smart cities. The Singapore case." Cities 16(1): 13-18.

MAY, G. (1998). "New technology and the urban environment." Futures 30(9): 887-899.

MITCHELL, W. (1995). City of bits: space, place and the infobahn. Cambridge, MA, MIT Press.

MITCHELL, W. (1999). "A tale of two cities: Architecture and the digital revolution." Science 285(5429): 839.

MITCHELL, W. (2000). e-topia: "urban life, Jim - but not as we know it". Cambridge, MA, MIT Press.

MITCHELL, W. (2002). Electronic Doublin'. Archis.

MITCHELL, W. (2003). Me++: the cyborg self and the networked city. Cambridge, MA, MIT Press.

MONBIOT, G. (2001). Captive State: The Corporate Takeover of Britain, London, Pan Books.

MORGAN, K. (1992). "Digital highways: the new telecommunications era." Geoforum 23(3): 317-332.

MOSS, M. and A. Townsend (2000). How telecommunications systems are transforming urban spaces. Cities in the telecommunications age: the fracturing of geographies. J. Wheeler, Y. a construção soAoyama and B. Warf. London, Routledge: 31-41.

NEGROPONTE, N. (1996). Being digital. London, Coronet Books.

NOVAK, M. (1991). Liquid architecture in cyberspace. Cyberspace: first steps. M. Benedict. Cambridge, MA, MIT Press.

PAINTER, J. (2001). The Aterritorial City: Diversity, Spatiality, Democratization. Mimeo. Durham: 47.

PATTON, M. Q. (1987). How to Use Qualitative Methods in Evaliuation. London, Sage Publications.

PINCH, T. and Bijker, W. (1989). The Social Construction of Facts and Artifacts: Or How the Sociology of Science and the Sociology of Technology Might Benefit Each Other. The Social Construction of Technological Systems: New Directions in the Sociology and History of Technology. W. Bijker, T. Hughes and T. Pinch. London, MIT Press: 17-50

ROBINS, K. (1999). Foreclosing on the city? The bad idea of virtual urbanism. Technocities. J. Downey and J. McGuigan. London, Sage: 34-59.

ROBSON, C. (2002). Real world research: a resource for social scientists and practitioner-researchers. Malden, MA, Blackwell.

ROGERS, E. (1986). Silicon Valley Fever: Growth of High-Technology Culture. New York, Basic Books Salomon, I., G. Cohen, et al. (1999). ICT and urban public policy: does knowledge meet policy? Amsterdam, Faculteit der Economische Wetenschappen en Econometrie, Vrije Universiteit: 21.

SANTOS, M. (1992). "Modernite, milieu technico-scientifique et urbanisation au Bresil." Annales de Geographie 564: 130-146.

SANTOS, M. (1992). Espaço e método. São Paulo, Nobel.

SANTOS, M. (1994). Técnica, espaço, tempo: globalização e meio técnico-científico-informacional. São Paulo, Hucitec.

SANTOS, M. (1996). Metamorfose do espaço habitado. São Paulo, Hucitec.

SANTOS, M. (1997). A natureza do espaço: técnica e tempo, razão e emoção. São Paulo, Hucitec.

SASSEN, S. (1993). A cidade global. Reestruturação do espaço urbano e regional no Brasil. L. Carleal, L. Lavinas and M. Nabuco. São Paulo, Hucitec/ANPUR: 187-202.

SASSEN, S. (1994). Cities in a world economy (sociology for a new century). Thousand Oaks, CA, Pine Forge/Sage.

SAUBERZWEIG, D. (1996). "The future of the city - Problems and perspectives." Interdisciplinary Science Reviews 21(4): 373-384.

SCHAFF, A. (1990). A sociedade informática. São Paulo, Ed. UNESP/Brasiliense.

SCHWEGMANN, M. (2001). "2001: A Space Odyssey: An Examination of the Evolution of the Combination of the Human Body and Virtual Spaces, in Particular "Cyberspace", Mimeo. Copenhagen, 22.

SHIODE, N. (1999). Diffusion of the Internet and paradigm shift in urban planning. Computers in Urban Planning and Urban Management. P. Rizzi. Milano, FrancoAngeli.

SHIODE, N. (2000). "Urban planning, inormation technology, and cyberspace." Journal of Urban Technology 7(2): 105-126.

SKEATES, R. (1997). "The Infinite City." City 8: 5-20.

Spectre (2002a). "Strategic Planning Guide - Dealing with ICT in Spatial Planning: A Guide for Pratictioners", Haarlem, Provincie Noord-Holland.

Spectre (2002b). "Vision on ICT and Space - Vision on the Relationship Between Information and Communication Technologies and Space", Haarlem, Provincie Noord-Holland.

STERLAC, S. (1995). Towards the post-human: from psycho-body to cyber-system. Architectural design. 68.

STEYAERT, J. (2000). "Local governments online and the role of the resident: government shop versus electronic community." Social Science Computer Review 18(1): 3-16.

SUI, D. (1998). "Deconstructing virtual cities: from unreality to hyperreality." Urban Geography 19(7): 657-676.

THRIFT, N. (1995). A Hyperactive World. Geographies of Global Change. R. Johnston, P. Taylor and M. Watts. Oxford, Blackwells: 18-35.

TOWNSEND, A. (2003). Wired/Unwired: The Urban Geography of Digital Networks. Doctor of Philosophy. Urban Studies and Planning, Massachusetts Institute of Technology. Cambridge: 206.

VAN DEN BESSELAAR, P., I. Melis, et al. (2000). "Digital cities: organization, content, and use." Lecture notes in computer science(1765).

VIRILIO, P. (1986). A imagem virtual mental e instrumental. Imagem máquina: a era das tecnologias do virtual. A. Parente. Rio de Janeiro, Editora 34.

VONFRIELING, H. (1988). "Information technology and the development of cities." International Journal of Urban and Regional Research 12(2): 335-338.

WEBSTER, F. (1995). Theories of the information society. London, Routledge.

WEISER, M. (1991). The Computer for the Twenty-First Century. Scientific American. September 1991, 94-104.

WOOLEY, B. (1993). Virtual worlds. London, Penguin Books.

YIN, R. (1994). Case study research: design and methods. California, CA, Sage.

Entrevistas

ABRÃO, R. C. S. (2006). Diretor de Logística e Tecnologias da Informação de São Carlos, Entrevista realizada pelo autor. São Carlos, 2006.

ANELLI, R. (2007). Ex-Secretário de Obras e Vias Públicas de São Carlos, Entrevista realizada pelo autor. São Carlos, 2007.

BATISTA, C. B. (2006). Ex-Diretor de Planejamento e Ex-Membro do NGE de Catanduva de Catanduva, Entrevista realizada pelo autor. Catanduva, 2007.

BELÍSSIMO, N. M. (2006). Secretária de Planejamento e Informática de Catanduva, Entrevista realizada pelo autor. Catanduva, 2006.

BONJOVANI, A. (2006). Coordenadora do Programa de Planejamento Participativo de Catanduva, Entrevista realizada pelo autor. Catanduva, 2006.

BROWN, K. A. (2002). Coordenadora da Iniciativa Newcastle Online, Entrevista realizada pelo autor. Newcastle, 2002.

CAPARROZ, J. (2006). Ex-Secretário de Planejamento e Informática de Catanduva, Entrevista realizada pelo autor. Catanduva, 2006.

DA PAZ, G. M. (2006). Diretora do Departamento de Informação, Documentação e Patrimônio da SMHDU de São Carlos, Entrevista realizada pelo autor. São Carlos, 2006.

DE MENEZES, R. F. (2007). Secretário de Administração de Pessoal de São Carlos, Entrevista realizada pelo autor. São Carlos, 2007.

DEZUANI JR., C. (2006). Assessor de Comunicação e Imprensa de Catanduva, Entrevista realizada pelo autor. Catanduva, 2006.

FONSECA, S. (2006). Diretora do Departamento Tributário de Catanduva, Entrevista realizada pelo autor. Catanduva, 2006.

FORNAZARI, S. (2006). Responsável pelo Atendimento do Departamento de Obras de Catanduva, Entrevista realizada pelo autor. Catanduva, 2006.

FREITAS JR., M. (2007). Diretor do Depto. De Segurança Pública e Relações Institucionais da Secretaria de Governo de São Carlos, Entrevista realizada pelo autor. São Carlos, 2007.

GARCIA, A. C. (2006). Ex-Diretora de Informática de Catanduva, Entrevista realizada pelo autor. Catanduva, 2006.

HEYLEN, P. (2002). Vereados e membro da diretoria de Telepolis, Entrevista realizada pelo autor. Antwerp. Antuérpia, 2002.

LEAL, E. (2007). Secretário de Desenvolvimento Sustentável, Ciência e Tecnologia de São Carlos, Entrevista realizada pelo autor. São Carlos, 2007.

LIMA NETO, N. (2007). Prefeito de São Carlos, Entrevista realizada pelo autor. São Carlos, 2007.

LOPES, V. (2006). Agente Fiscal de Tributos de Catanduva, Entrevista realizada pelo autor. Catanduva, 2006.

MACCHIONE NETO, A. (2006). Prefeito de Catanduva, Entrevista realizada pelo autor. Catanduva, 2006.

MARTINS, C. (2007). Ex-Secretário de Governo e Coordenação de Governo de São Carlos, Entrevista realizada pelo autor. São Carlos, 2007.

MARTINS, R. (2006). Funcionário da Secretaria de Planejamento e Informática de Catanduva, Entrevista realizada pelo autor. Catanduva, 2006.

MARTO, N. (2006). Ex-Secretário de Obras e Ex-Secretário de Saneamento de Catanduva, Entrevista realizada pelo autor. Catanduva, 2006.

MARTUCCI, E. (2007). Diretora Presidente da Fundação Educacional de São Carlos, Entrevista realizada pelo autor. São Carlos, 2007.

MARTUCCI, R. (2006). Secretário de Habitação e Desenvolvimento Urbano de São Carlos, Entrevista realizada pelo autor. São Carlos, 2006.

MEIRELES, R. (2006). Secretário de Trânsito, Transportes e Vias Públicas de São Carlos, Entrevista realizada pelo autor. São Carlos, 2006.

OLIVEIRA, O. O. (2006). Ex-Membro do NGE de Catanduva, Entrevista realizada pelo autor. Catanduva, 2006.

PEDRAZANI, J. C. (2007). Secretário de Planejamento e Gestão de São Carlos, Entrevista realizada pelo autor. São Carlos, 2007.

PERRE, G. (2006). Secretário de Fazenda de São Carlos, Entrevista realizada pelo autor. São Carlos, 2006.

RAMALHO, I. (2006). Diretor de Informática de Catanduva, Entrevista realizada pelo autor. Catanduva, 2006.

SEVERO, L. (2007). Secretário de Comunicação de São Carlos, Entrevista realizada pelo autor. São Carlos, 2007.

Coordenação Ediuade
Projeto gráfico Editora Hedra
Programação em LaTeX Marcelo Freitas
Assistência editorial Bruno Oliveira
Colofão Adverte-se aos curiosos que se imprimiu esta obra em nossas oficinas em janeiro de 2011, em papel off-set 75 gramas, composta em tipologia Walbaum Monotype de corpo oito a treze e Courier de corpo sete, em GNU/Linux (Gentoo, Sabayon e Ubuntu), com os softwares livres LATEX, DeTEX, VIM, Evince, Pdftk, Aspell, SVN e TRAC.